नागमण्डल

(कन्नड़ नाटक का अनुवाद)

नागमण्डल

गिरीश कार्नाड

अनुवाद
बी. आर. नारायण

वाणी प्रकाशन ग्रुप
भारतीय ज्ञानपीठ
वाणी प्रकाशन : भारतीय ज्ञानपीठ की पुस्तकों के एकमात्र प्रकाशक एवं वितरक

राष्ट्रभारती/लोकोदय ग्रन्थमाला : ग्रन्थांक 518

पेपरबैक आठवाँ संस्करण : 2018
पेपरबैक नौवाँ संस्करण : 2022
पेपरबैक दसवाँ संस्करण : 2026

वाणी प्रकाशन : भारतीय ज्ञानपीठ की पुस्तकों के एकमात्र प्रकाशक एवं वितरक

वाणी प्रकाशन

4695, 21-ए, दरियागंज, नयी दिल्ली-110 002
दूरभाष : 011-23273167, 23275710
ईमेल : sales@vaniprakashan.in
www.vaniprakashan.com

ISBN : 978-81-263-3080-5

मूल्य : ₹ 195

नागमण्डल
(कन्नड़ नाटक)
गिरीश कार्नाड

NAGMANDAL
(Kannada Play)
by Girish Karnad

आवरण-चित्र : उमेश वर्मा
मुद्रक : आर. टेक ऑफ़सेट प्रिंटर्स, दिल्ली-110 032

पात्र

मनुष्य
ज्योतियाँ
कहानी
रानी
अप्पण्णा-नागप्पा
अन्धी माँ
कप्पण्णा
गाँव के तीन बुज़ुर्ग
गाँववाले

प्रस्तावना

[एक उजड़ा मन्दिर। विग्रह टूट चुका है अतः यह भी पता नहीं चलता कि वह मन्दिर किस देवता का है।

रात का समय। गोपुर की दरारों से बाहर छिटकी चाँदनी भग्न मूर्ति की पीठ को, गर्भमन्दिर के कोनों को प्रकाशमान कर रही है। एक आदमी खम्भे से टेक लगाकर बैठा है। वह कुछ देर तक चुप बैठा रहता है। बाद में एकदम आँखें फाड़-फाड़कर देखने का प्रयत्न करता है। उँगलियों से पलकें खोलकर उन्हें चौड़ा करके देखने की कोशिश करता है। फिर चुप हो जाता है और एकदम प्रेक्षकों से बातें करना शुरू कर देता है।]

मनुष्य : मैं अभी थोड़ी ही देर में मर सकता हूँ। (**रुककर**) नाटक की मृत्यु नहीं, असली मृत्यु। आप लोगों की आँखों के सामने ही मेरे प्राण-पखेरू उड़ सकते हैं। (**रुककर**) मुझे एक संन्यासी ने कहा था, तुम्हें इस मास में कम-से-कम एक दिन पूर्ण जागरण करना चाहिए, तभी ज़िन्दा रह सकोगे। नहीं तो महीने की आख़िरी रात मर जाओगे। उसके यह कहने पर मैं यह सोचकर हँस पड़ा कि भला यह कौन-सी बड़ी बात है। परन्तु अब तक उनतीस रातें गुज़ार चुका हूँ। एक रात भी पूरी तरह जागरण सम्भव नहीं हो सका। प्रत्येक रात मेरे जाने-अनजाने नींद का झोंका आ ही जाता है। आँखें लग ही जाती हैं जो मैं खुली आँखों से देख रहा हूँ और समझ रहा हूँ, वह तो बाद में पता चलता है कि वह एक सपना ही था। इस प्रकार उनतीस रातें गुज़र गयी हैं। एक रात भी पूरी तरह जागना सम्भव नहीं हो सका। यह अन्तिम रात है। यह भी कैसे विश्वास करूँ कि जो बात अब तक सम्भव नहीं हो सकी, वह आज सम्भव हो जाएगी। आप लोगों के देखते-देखते ही मुझे झोंका आ सकता है। अगर कुछ ऐसा हुआ तो समझना चाहिए कि मेरा सर्वनाश हो गया।

(**रुककर**) मैंने उस संन्यासी से पूछा था–"भला मेरा अपराध क्या है ? मेरी किस ग़लती के लिए यह मुसीबत मेरे गले पड़ी है ?" उसने कहा–"तुमने नाटक लिखे हैं, खिलाये हैं। तुम पर विश्वास रखकर तुम्हारे नाटकों को देखने आयी जनता को ऊबड़-खाबड़ कुर्सी, बेंचों पर बैठने से न तो नींद आयी और न पूरा आराम मिला। इस प्रकार उन्हें नरक-यातना भोगनी पड़ी है। वही अनिद्रा शाप के रूप में तुम्हारे पीछे पड़ी है। मृत्यु बनकर तुम्हारी ताक में है।" (**मौन**) मुझे यह मालूम नहीं था कि मेरे नाटक इतने परिणामकारी होंगे।

यह अन्तिम रात है। इसीलिए घर छोड़कर भाग आया हूँ। यही सोचकर आया हूँ कि लेखक होने के घमण्ड में जिन्हें मैं आजन्म तंग करता रहा, उनके सामने मरना ठीक नहीं। इस उजाड़ मन्दिर में, जिसका विग्रह भी टुकड़े-टुकड़े हो चुका है और जिसका कोई नाम भी नहीं है, सबसे आँखें बचाकर मरने के लिए यह जगह सही है। मानो इसी के लिए यह जगह बनी हो। एक बात तो सत्य है। अगर इस बार बच गया तो नाटक लिखने का नाम नहीं लूँगा। कहानी, कथानक, प्लाट, थीम, इतिवृत्त कुछ भी छूऊँगा तक नहीं, भगवान की कसम।

(दीर्घ मौन। बार-बार आँखें खोलने और अपने को चिकोटी काटने का प्रयत्न करता है। मन्दिर के बाहर कई स्त्री स्वर सुनाई पड़ते हैं। उस तरफ़ देखकर।)

कौन है ? इस आधी रात में, इस उजड़े मन्दिर में कौन आ रहा है? (**आश्चर्य से**) चार-पाँच दीये !

(खम्भे की ओट में छिपकर देखता है। चार-पाँच दीये की ज्योतियाँ हवा में तैरती हुई मन्दिर में प्रवेश करती हैं और स्त्री स्वर में बातें करती हैं, हँसती हैं।)

आश्चर्य, परमाश्चर्य...केवल दीये की ज्योतियाँ हैं, बत्ती नहीं, दीये नहीं, दीया पकड़ने वाला नहीं ! केवल ज्योतियाँ बिना किसी आधार के हवा में तैरती चली आ रही हैं। बातें भी कर रही हैं। यह कैसा करिश्मा? यह भूत-प्रेतों की करामात तो नहीं ? या भूतनियों का चमत्कार है?

(और भी दस-बीस ज्योतियाँ आती हैं। उनमें आपस में गप्पें और हँसी-मज़ाक़ चलता है।)

ज्योति-3 : ओह हो ! अरे यह क्या, ज्योति-1 ! आज तो तुम हमसे पहले ही आ गयी !

ज्योति-1 : वह हमारे घर का मालिक है न ! पता है कितना कंजूस है ! पत्नी ज़रा ज़्यादा ख़र्चीली है, समझकर खुद पैंठ होकर आता है। आज दीया जलाकर एक घण्टा भी नहीं हो पाया था कि उसका लाया वंगे का तेल ख़तम हो गया। घर में मूँगफली का तेल भला कितने दिन चलता ! अरण्डी के तेल का डिब्बा पहले ही ख़ाली पड़ा था। ख़ैर, घर में एक बूँद तेल नहीं था। और कोई चारा न होने से वे सब सो गये। हम भी चल पड़ीं।

ज्योति-2 : **(ज्योति-4 से नाक सिकोड़कर)** धत्, कुसबी का तेल, मूँगफली का तेल ! वे कैसे सहन करते हैं ? हम तो घाट के नीचे के हैं। हमारे यहाँ खोपरे के तेल के सिवा और दूसरा तेल इस्तेमाल ही नहीं होता।

ज्योति-1 : हमारी बात छोड़ो। रोज़ाना आने के समय से कोई आधा घण्टा पहले आयी होगी। पर तुम्हारे साथ आयी यह मिट्टी के तेल की ज्योति? इसका तो महीनों पता नहीं रहता। आज इतनी जल्दी कैसे यहाँ?

ज्योति-4 : आज ही क्यों ? आगे से ऐसा लगता है, रोज़ जल्दी ही छुटकारा मिल जाएगा।

(उसके साथ आयी ज्योतियाँ खिलखिलाकर हँस पड़ती हैं।)

ज्योति-1 : क्यों, क्या हुआ ?

ज्योति-2 : बताओ, बताओ न !

ज्योति-3 : हमारे मालिक की माँ बहुत बूढ़ी थी। पेट में घाव, पीठ में पस, दमा, खाँसी, मल-मूत्र सब कुछ बिस्तर पर। न मरती थी, न जीती। खाँसी इतनी कि कोई सो नहीं सकता। मुझे भी छुटकारा नहीं था। हालत ही ऐसी थी उसकी। आज सुबह वह चल बसी ! अब घर में केवल दो ही जीव हैं—यानि हमारे मालिक और उनकी पत्नी। पत्नी भी कितनी सुन्दर है, मालूम है ? छूने भर से ही मैली हो जाए। सोने-सी उछलती है। उन्होंने अँधेरा होते ही मुझे बाहर निकाल दिया।

ज्योति-2 : तुम भाग्यवान हो। हमारे मालिक को तो पत्नी के अंगांग देखने पर ही गर्मी चढ़ती है। इसलिए अँधेरे में होने वाले सभी काम के लिए दीये का साक्षी होना चाहिए।

(हँसी। सब ज्योतियाँ बातें करती हैं। नयी ज्योतियाँ आ-आकर बैठती हैं, अलग हँसती हैं, गप्पें मारती हुई घूमती हैं।)

मनुष्य : **(स्वगत)** ओह, सुना था कि रात के समय दीया बुझते ही सारी

ज्योतियाँ तुरन्त गाँव के बाहर के मन्दिर में एकत्रित होती हैं। वहाँ वे गप्पें मारते हुए सारी रात बिताती हैं। वे ही इस मन्दिर में एकत्रित हो रही हैं क्या ?

(एक नयी ज्योति मन्दिर में प्रवेश करती है। सारी ज्योतियाँ खुशी से शोर-गुल करती उसका स्वागत करती हैं।)

ज्योतियाँ : अरी, इतनी देर क्यों ? कहाँ थी ? आधी रात हो गयी...

नयी ज्योति : क्या बताऊँ... हमारे घर में तो एक हंगामा ही हो गया।

ज्योतियाँ : **(उसे घेरकर)** क्या हुआ ? क्या हुआ ?

नयी ज्योति : आप लोगों क्रो मालूम नहीं है ? हमारे घर में केवल दो ही प्राणी हैं—बूढ़ा-बूढ़ी। आज बुढ़िया खाना खाकर गोबरी लगाकर, बर्तन माँजने के बाद पति के सोने के कमरे में गयी। वहाँ वह क्या देखती है—एक सुन्दर स्त्री बढ़िया-सी रंग-बिरंगी साड़ी पहनकर उस कमरे से बाहर आ रही थी। बुढ़िया को देखते ही, मुँह छिपाकर वह घर से चली गयी ! बुढ़िया ने बूढ़े को जगाकर उस औरत के बारे में पूछा। बात से बात बढ़ गयी। यहाँ तक कि नौबत हाथापाई तक आ पहुँची।

ज्योतियाँ : **(शोर)** वह औरत कौन थी ? तुम्हारे घर में कैसे घुसी ?

नयी ज्योति : बताती हूँ, बताती हूँ। हमारी बुढ़िया एक कहानी और एक गीत जानती थी। पर उसने कभी किसी को वह कहानी नहीं सुनायी; न ही वह गीत। वह कहानी और वह गीत वहीं पड़े-पड़े ऊब गये थे। आज दोपहर को भोजन करके बुढ़िया ज़रा लम्बी हो गयी। ज्यों ही उसने खर्राटे लेने को मुँह खोला, त्यों ही कहानी और गीत उसके मुँह से बाहर कूद पड़े। अटारी पर चढ़कर एक कोने में छिपकर बैठ गये। रात को बूढ़ा अपने कमरे में सोने गया ही था कि मौक़ा देखकर कहानी ने एक लड़की का रूप धारण कर लिया, गीत ने साड़ी का रूप धारण किया। उस साड़ी को पहनकर कहानी बूढ़े के कमरे में जा बैठी। ठीक बुढ़िया के वहाँ आने के समय वह बाहर निकली। इस तरह घर में झगड़ा पैदा करके कहानी और गीत ने अपना बदला ले लिया।

ज्योति-4 : वही तो। एक कहानी छिपा लो तो दूसरी बन जाती है।

ज्योति-5 : बदला तो ले लिया। पर उन बेचारियों का आगे क्या बनेगा ? इस अँधेरे में पता नहीं कहाँ-कहाँ भटक रही होंगी।

नयी ज्योति : आते समय रास्ते में मेरी उनसे भेंट हुई थी। मैंने कहा, 'मन्दिर में

आ जाओ। हम सब वही हैं।' आ सकती हैं...वह देखो आ ही गयीं।

(एक सुन्दर युवती रंग-बिरंगी साड़ी पहने, मन्दिर में प्रवेश करती है। उसका मुँह उतरा हुआ है। चुपचाप जाकर एक कोने में बैठ जाती है। ज्योतियाँ उसे घेर लेती हैं।)

ज्योतियाँ : अरे, ऐसे मुँह लटकाकर क्यों बैठ गयी ? हमें भी कोई और काम नहीं। सारी रात बितानी है। तुम अपनी कहानी सुनाओ तो।

कहानी : **(विषाद से)** आप लोगों को बताने से क्या लाभ है ! जो कहानी सुनते हैं उसे वे दूसरों को सुनाएँ तो ही ठीक है। आप लोग उसे और किसी को नहीं सुनाओगी तो समझ लो वह कहानी वहीं समाप्त हो जाती है। इससे अच्छा तो यही था कि उस बुढ़िया के भीतर ही पड़ी रहती। आज नहीं तो कल कभी तो वह दूसरों को सुनाती ही।

ज्योतियाँ : यह बात भी ठीक है। पर भला बताओ। हम भी क्या करें ?

(इस प्रकार वे सब आपस में बातें करती हैं। कहानी शून्य मन से बैठी रहती है। मनुष्य अपनी जगह से उछलकर कहानी की बाँह पकड़ता है। ज्योतियाँ घबराकर बिखर जाती हैं। कहानी भी अपने को छुड़ाने का यत्न करती है।)

मनुष्य : तुम मुझे बताओ, मैं उसे दूसरों को सुनाऊँगा।

कहानी : **(हाथ छुड़ाने का यत्न कर)** तुम कौन हो, कौन हो तुम ? छोड़ो मुझे।

मनुष्य : मैं चाहे कोई भी होऊँ। मैंने कहा न, मैं कहानी सुनने को तैयार हूँ।

कहानी : यह बात है ! तो मेरा हाथ छोड़ो। **(वह छोड़ता नहीं। उसे डर है कि वह भाग जाएगी।)**

कहानी कहने के लिए सिर्फ़ मुँह काफ़ी नहीं। हाथ भी चाहिए।

(वह हाथ छोड़ देता है।)

पर एक शर्त है !

मनुष्य : क्या ?

कहानी : सिर्फ़ कहानी सुनने से कोई लाभ नहीं। उसे फिर से किसी को सुनाना चाहिए। कहानी का जन्म किसी एक की सम्पत्ति बनने को नहीं होता।

मनुष्य : ओह, ज़िन्दा रहा तो सुनाऊँगा ? पर पहली बात तो यह है कि मुझे ज़िन्दा रहना चाहिए। हाँ, मेरी भी एक शर्त है !

कहानी : वह क्या ?

मनुष्य : कहानी सुनते समय मुझे नींद नहीं आनी चाहिए। ऊँघ नहीं आनी चाहिए। नींद आ गयी तो मैं मर जाऊँगा।

कहानी : **(हँसकर)** कहानी होकर जन्म लेने के बाद अगर इतना भी नहीं कर सकी तो क्या लाभ ?

मनुष्य : **(एकदम याद करके)** नहीं, नहीं, सम्भव नहीं।

कहानी : क्या ? अब क्या हो गया ?

मनुष्य : मैंने अभी-अभी प्रतिज्ञा की थी। अगर ज़िन्दा रहा तो कहानी, नाटक लिखना सब बन्द कर दूँगा। दुबारा इन प्रेक्षकों के शाप का सामना करने का उत्साह मुझमें नहीं बचा है।

कहानी : **(खीजकर)** तो ठीक है, हम चलीं। **(जाती है।)**

मनुष्य : रुकिए, रुकिए।

(रुकती है। मनुष्य दीन होकर)

मेरी परिस्थिति को ज़रा समझने का यत्न कीजिए।

(कहानी जाने को होती है। मनुष्य ज़ोर से)

ठीक है। मान लिया। और क्या करूँ ? आप अगर चली गयीं तो समझ लीजिए मेरी कहानी भी ख़तम। मेरे लिए और कोई चारा ही नहीं।

(प्रेक्षकों से) कम-से-कम अब तो नाटक खिलवाने का कारण पता चल ही गया होगा। हाथ जोड़कर प्रार्थना करता हूँ। ज़रा सहयोग दीजिए। कृपया ध्यान देकर नाटक देखिए। मेरे लिए तो यह जीवन-मरण का प्रश्न है।

(कहानी से) ठीक है, कहानी सुनाओ।

(आगे से नाटक के अन्त तक कहानी और मनुष्य रंगमंच पर ही रहते हैं। उनके चारों ओर यानी ज़रा दूर ज्योतियाँ एकत्रित होकर कहानी सुनती हैं। अब उजड़े मन्दिर के स्थान पर अप्पण्णा के घर के सामने का भाग दिखाई देता है।)

प्रथम अंक

[अप्पणा का घर। घर के भीतरी हिस्से के दिखाई देने के समान रंगमंच की रचना। अगले दरवाज़े पर ताला लगा है।]

कहानी : एक लड़की थी। नाम...मान लीजिए कुछ था। वह माँ-बाप की इकलौती बेटी थी। माँ-बाप उसे प्यार से 'रानी' पुकारते थे। रानी, लम्बी केशराशि की रानी। बहुत बड़े-से जूड़े वाली रानी। अगर वह जूड़ा बाँधती तो ऐसा लगता था मानो साँप कुण्डली मारे झूम रहा हो। बाल खोल लेती तो काली घटा की तरह चमचमाते और पाँव की पायल चूमते थे। रानी बड़ी हो गयी। पिता ने एक वर ढूँढ़कर उसका ब्याह कर दिया। लड़का भी एकलौता ही था। बचपन में ही उसके माता-पिता जाते रहे। काफ़ी सारी धन-सम्पत्ति थी। रानी रजस्वला हुई। पति आकर उसे विदा कराकर अपने गाँव ले गया। उसका नाम अप्पण्णा माने लेते हैं।

(अप्पण्णा और रानी रंगमंच पर प्रवेश करते हैं। उनके सिर और कन्धों पर गठरियाँ लदी हैं। अप्पण्णा घर का ताला खोलता है। इशारे से उसे भीतर बुलाता है। दोनों सामान को घर के भीतर ले जाकर रखते हैं।)

अप्पण्णा : सारा सामान आ गया न?

रानी : जी।

अप्पण्णा : तो ठीक है। मैं कल सुबह फिर से आऊँगा। खाना पकाकर रखना। खाना खाकर जाऊँगा।

(रानी अवाक् होकर देखती है। वह उसकी ओर ध्यान नहीं देता। बाहर जाकर दरवाज़ा बन्द करके ताला लगाकर चला जाता है। रानी दौड़कर दरवाज़े तक आती है। दरवाज़ा टटोलकर देखती है। खिड़कियों की सलाख़ों से बाहर देखती है। तब भी वह उसकी ओर दृष्टि डाले बिना निकल जाता है।)

रानी : **(घबराकर)** जी...जी...ऐ जी...!

(उसे यह समझ में नहीं आता कि क्या हो रहा है। चुपचाप खड़ी रह जाती है। रोया भी नहीं जाता। बाद में जाकर दुछत्ती के

एक कमरे के कोने में बैठ जाती है। धीरे-धीरे अँधेरा होता है। वह अपने-आप से बातें करने लगती है। पहले उसकी बातें सुनाई नहीं देतीं। पर अँधेरा होते ही उसकी बातें स्पष्ट होती हैं।)

रानी : तब रानी पूछती है : ऐ गरुड़, मुझे कहाँ ले जा रहे हो? गरुड़ कहता है : सात समुद्र पार सात द्वीप हैं। सातवें द्वीप पर एक सुन्दर-सा बाग़ है। उसमें एक हरा-भरा पेड़ है। उस पेड़ के नीचे तुम्हारे माँ-बाप तुम्हारी प्रतीक्षा कर रहे हैं। तब रानी कहती है : यह बात है तो चलो आती हूँ। वह उस गरुड़ की पीठ पर बैठकर आकाश में उड़ जाती है।

(बैठी-बैठी वह वहीं सो जाती है। नींद में 'माँ, माँ, इधर आओ' कहकर बड़बड़ाती है। प्रातःकाल होता है। वह घबराकर उठती है। उठकर गुसलख़ाने में जाकर मुँह धोती है और तेजी से रसोई घर में जाकर रसोई बनाने लगती है। दोपहर होती है। अप्पण्णा आता है। ताला खोलकर घर के भीतर जाता है।)

अप्पण्णा : मेरे नहाकर बाहर आने तक खाना परोस देना।

(स्नान करके आता है। खाने बैठता है। वह परोसती है।)

रानी : **(डरती हुई)** जी...

(अप्पण्णा कोई जवाब नहीं देता और खाने में मग्न रहता है। रानी बात करने को छटपटाती है।)

इस...रात के समय घर में...मुझे अकेले...डर लगता है।

अप्पण्णा : डरने की इसमें क्या बात है? चुपचाप पड़ी रहो। यहाँ तुम्हें कोई भी तंग करने नहीं आएगा। **(मौन)**

रानी : ज़रा...आप...

अप्पण्णा : देखो, मुझे बेकार की बातें पसन्द नहीं। बेकार में पूछ-ताछ करके मेरी जान मत खाओ। जैसा कहता हूँ, वैसा करोगी तो मार नहीं पड़ेगी। **(खाना खाकर, उठकर)** कल दोपहर फिर से खाना खाने आऊँगा। तैयार रखना।

(हाथ धोकर बाहर से ताला लगाकर चला जाता है। रानी दरवाज़े तक आकर जिधर वह गया, उसी ओर शून्य दृष्टि से देखती है।)

कहानी : इसी प्रकार दिन बीतते गये।

(रानी रसोईघर में जाकर रसोई बनाने लगती है और अपने-आप से बातें करने लगती है।)

रानी : तब रानी के माता-पिता उसे गले लगाकर रोते हैं। प्यार करते हैं। उसे रात को दोनों के बीच ऐसे सुलाते हैं ताकि उसे डर न लगे। वे कहते हैं—"अब तुम्हें अकेली नहीं छोड़ेंगे। डरो मत।" दूसरे दिन सुनहरे सींग का हिरण फिर से आता है। रानी को फिर से बुलाता है। वह उसकी ओर देखती है...(**हँसती है**) पर वहाँ हिरण था नहीं। उसकी जगह वहाँ एक राजपुत्र खड़ा है।

(चूल्हे की आग को निहारती शून्य-मनस्क होकर बैठ जाती है। एकदम आँसू टपक पड़ते हैं। रोने लगती है।)

रानी : माँ...बापू...मुझे ले जाओ। आप लोग कहाँ हो? माँ...बापू...

(कप्पण्णा अन्धी माँ को पीठ पर उठाकर लाता है। वह लगभग पचास की है। अन्धी है। लड़का बाईस-तेईस साल का जवान है। हाथ-पैर मज़बूत हैं। दोनों बातें करते हुए प्रवेश करते हैं।)

कप्पण्णा : माँ, तुम्हें भी और कोई काम नहीं। सुबह होते ही, किसी के घर में कुछ गड़बड़ तो नहीं हो रहा है, यह देखने निकल पड़ती हो। इस अप्पण्णा को तो जंगली सुअर या भालू होना था। ग़लती से मनुष्य बनकर पैदा हो गया है। बात करें तो नाक ही काट डालने को आता है। सारा गाँव उसकी छाया तक पसन्द नहीं करता। ऐसी हालत में तुम्हें उसकी फिकर क्यों?

अन्धी माँ : वह चाहे कैसा ही क्यों न हो। उसकी माँ और मैं बहनें-जैसी थीं। बेचारी वह परसूति में ही चल बसी। अब उसकी बहू आयी है। तो भला बताओ, मैं कैसे अपने को रोक पाती! वह भी तुम्हारे यह कहने के बाद कि तुमने उसे उस रण्डी के कोठे पर देखा है। तबसे मेरी तो नींद ही उड़ गयी। घर में पत्नी के आने के बाद भी उसकी रख़ैल की लत नहीं छूटी।

कप्पण्णा : तुमको बताना ही ग़लती हो गयी। अब तुम्हें नींद नहीं आएगी और मेरी पीठ का दर्द नहीं जाएगा।

अन्धी माँ : ऐ, मैंने तुझसे कब कहा कि तू मुझे उठाकर घूमा कर। इस गाँव में मैं पैदा हुई हूँ। मैं अपने-आप अपना काम कर लेती हूँ।

कप्पण्णा : माँ, रोज़ हनुमान के मन्दिर में मैं क्या माँगता हूँ, पता है? "हे भगवान, मुझे कुश्ती नहीं चाहिए, झगड़ा नहीं चाहिए। मेरी माँ को उठाकर घूम सकूँ, इतनी शक्ति दो, बस इतना ही।"

अन्धी माँ : यह मैं नहीं जानती हूँ क्या, मेरे बेटे...!

(कप्पण्णा एकदम खड़ा हो जाता है।)

क्यों एकदम खड़ा हो गया? क्या हुआ?

(वह उत्तर नहीं देता। दूर तक नज़र दौड़ाता खड़ा रहता है। अन्धी माँ घबरायी-सी)

कप्पण्णा...कप्पण्णा... !!

कप्पण्णा : डरो नहीं, माँ। अप्पण्णा का घर यहीं से दीखता है। इसीलिए खड़ा हो गया।

अन्धी माँ : **(लम्बी साँस लेकर)** बाप रे, जान में जान आयी। मैंने यह सोचा था कि तुम कहोगे कि राक्षस या पिशाच देखा। यही सोचकर मैं डर गयी थी।

कप्पण्णा : माँ, वह राक्षसी भी नहीं है, पिशाचिनी भी नहीं। उसके दिखाई देने पर मैं कहूँ तो तुम्हें विश्वास नहीं होगा। अब मैं उसकी बात नहीं कह रहा हूँ। पर तुम भी बेकार में ही घबराती हो।

अन्धी माँ : उसकी बात छोड़। अब यह बता दे कि तू खड़ा क्यों हो गया?

कप्पण्णा : क्योंकि ऐसा नहीं लगता कि अप्पण्णा के घर में कोई है। अगले दरवाज़े पर ताला लगा है।

अन्धी माँ : **(आश्चर्य से)** आँ? यह कैसे? भले ही वह रखैल की बगल में पड़ रहा हो पर उसकी पत्नी को तो घर में होना ही चाहिए न...?

कप्पण्णा : उस अप्पणा को क्या कहूँ, वह एक निहायत गन्दा आदमी है।

अन्धी माँ : अरे, क्या उसने इतनी जल्दी पत्नी को मायके भेज दिया? कप्पण्णा, मेरी बात तो सुन। ज़रा जाकर खिड़की से झाँककर देख। कहीं घर ख़ाली करके चले तो नहीं गये?

कप्पण्णा : यह तो सम्भव नहीं।

अन्धी माँ : मैं जो कहती हूँ वह सुन।

कप्पण्णा : मैं तैयार नहीं।

अन्धी माँ : **(गुस्से से)** अगर मेरी आँखें होतीं तो मैं कभी तुझसे नहीं कहती बेटे! मैं खुद जाकर देख आती। पता नहीं भगवान ने मुझे आँखें क्यों नहीं दी।

कप्पण्णा : **(विवश होकर)** माँ, हम क्यों इस अप्पण्णा के बखेड़े में पड़ें। कोई देख लेगा तो क्या कहेगा?

अन्धी माँ : **(ज़रा उत्साह से)** जो चाहे कहे। हमें क्या! चल, देखकर बता।

(दोनों घर के पास जाते हैं। कप्पण्णा माँ को ज़मीन पर उतार देता है और खुद जाकर खिड़की से झाँकता है।)

कप्पण्णा : घर में कोई नहीं है।

अन्धी माँ : अरे मूर्ख, बाहर जब ताला लगा है तो भला भीतर कौन रहता है! ज़रा यह देख, आँगन में रँगोली डाले कितने दिन हुए होंगे। बाहर रस्सी पर कपड़े सूखते हों तो यह देख कि कुर्ता-धोती ही है या साड़ी-ब्लाउज भी।

कप्पण्णा : **(ऊबकर ज़ोर से)** माँ, यहाँ से कुछ भी दिखाई नहीं देता।

रानी : **(उसकी ध्वनि सुनकर भीतर से)** कौन है? कौन बातें कर रहा है?

कप्पण्णा : **(घबराकर)** बाप रे!

(अन्धी माँ को उठाकर भागने लगता है।)

अन्धी माँ : ऐ! ऐ! रुक, रुक। ऐसे क्यों भाग रहा है जैसे कोई भूत दिखाई दिया हो।

कप्पण्णा : माँ, घर में कोई है। किसी स्त्री का स्वर है।

अन्धी माँ : इतना तो मुझे भी सुनाई देता है। स्त्री है। ऐसे भागने की क्या बात है। वह होगी सोचकर ही तो हम यहाँ आये हैं।

कप्पण्णा : अगले दरवाज़े पर ताला लगाकर पत्नी को भीतर बन्द करके जाने का मतलब क्या होता है?

अन्धी माँ : क्या मतलब हो सकता है, तू ही बता ?

कप्पण्णा : इसका मतलब है कि कोई उसकी पत्नी के बारे में बात न करे।

रानी : **(खिड़की के पास आकर)** कौन है?

कप्पण्णा : माँ, आ चलें। **(चलने को होता है। माँ उसकी पीठ पर मुक्का जमाती है।)**

अन्धी माँ : रुक, रुक। **(रानी से ज़ोर से)** आयी बेटी, आ ही गयी। **(कप्पण्णा से)** तू यहीं ठहर, उतार मुझे, उतार।

(कप्पण्णा माँ को उतारता है। वह तेज़ी से घर की ओर जाती है।)

पत्नी को उसने तोते को पिंजड़े में बन्द रखने की तरह रख रखा है क्या? मैं उससे बात करके ही आऊँगी। चाहे तू घर चला जा।

कप्पण्णा : मैं वहाँ नहीं आऊँगा। घर भी नहीं जाऊँगा। इसी बरग़द के पेड़ के नीचे बैठा रहूँगा। तुम ज़रा जल्दी आ जाना। गप्पें मारने मत बैठ जाना।

(पेड़ के नीचे बैठता है।)

अन्धी माँ : ऐ लड़की...बेटी...

रानी : **(डरती हुई)**...कौन?

अन्धी माँ : डर मत बेटी! मैं अन्धी माँ हूँ। तुम्हारी सास और मैं सगी बहनों

के समान थीं। तुम्हारे पति के पैदा होने के समय मैंने ही तुम्हारी सास की जचगी करायी थी। डरो मत। अप्पण्णा मेरे लिए भी बेटे के समान ही है। वह घर में नहीं है क्या?

रानी : नहीं।

अन्धी माँ : तुम्हारा नाम क्या है?

रानी : मुझे सब 'रानी' पुकारते हैं।

अन्धी माँ : तो अप्पण्णा कहाँ है?

रानी : मालूम नहीं।

अन्धी माँ : बाहर कब गया?

रानी : कल दोपहर का भोजन करके गये।

अन्धी माँ : तो फिर लौटेगा कब?

रानी : वे तो सिर्फ दोपहर के भोजन के समय ही घर पर रहते हैं।

अन्धी माँ : अरे! एक बार खाना खाकर जाने के बाद दूसरे दिन ही आता है क्या?

(उत्तर नहीं)

तब सारा दिन तुम अकेली ही घर पर पड़ी रहती हो?

(रानी अपने को रोक नहीं सकती और बिलखने लगती है।)

ना-ना, रो मत बेटी! मैं तुम्हें रुलाने नहीं आयी। रोज़ ऐसे ही बन्द करके जाता है क्या?

रानी : जी, जबसे मैं उनके साथ यहाँ आयी हूँ, तभी से ऐसे ही...

अन्धी माँ : हाय, हाय! पीटता-पाटता है क्या?

रानी : नहीं।

अन्धी माँ : **(अटकती हुई)** बातचीत...करता है कि नहीं?

रानी : बहुत कम, बस इतना ही 'खाने के लिए आऊँगा। खाना पकाओ और जैसा कहता हूँ वैसे कर।'

अन्धी माँ : यानि, तुम्हें अभी...

रानी : इस गाँव में आने के बाद से उनके अलावा मुझसे बात करने वाला कोई भी नहीं। **(आँसू भर आते हैं)** मन ऊब गया है।

अन्धी माँ : लड़की, बात करने का मतलब मेरा यह नहीं। शादी के बाद तुम्हारे पति ने तुम्हारे हाथ-पैर... धत्, तुम्हारी शादी से पहले तुम्हारी माँ, दीदी, मौसी किसी ने सिखाया नहीं?

रानी : मेरी माँ मेरे रजस्वला स्नान के दिन से रोने लगी। मेरे गाँव छोड़ने तक रोती ही रही। बेचारी अब भी आँसू बहा रही होगी।

अन्धी माँ : रोओ मत बेटी! रोने से क्या होता है, रोओ नहीं। इधर आओ। खिड़की के पास आ। मेरी हथेलियाँ ही मेरी आँखें हैं। तुम कैसी हो, यह मैं देखना चाहती हूँ।

(खिड़की की सलाख़ों से हाथ डालकर रानी के सिर मुख को छूकर देखती है।)

हाय राम! तुम कितनी सुन्दर हो। कान तो अड़हल के फूलों जैसे हैं। गाल रागी के लड्डू हैं। होंठ तो रेशम के लच्छे हैं। ऐसी सुन्दर लड़की घर में अकेली छोड़कर गाँव में वह कैसे घूमता-फिरता है हरामज़ादा।

रानी : (**बिलखकर**) मुझे रात को नींद नहीं आती। बहुत डर लगता है। मैं अपने गाँव में अपने माँ-बापू के बीच में सोया करती थी। यहाँ मैं अकेली हूँ अन्धी माँ...तुम मेरे माँ-बाप को ज़रा ख़बर कर दोगी। इन्होंने मुझे कैसे रख रखा है। उनको यह कहला भेजो कि वे आकर मुझे छुड़ा ले जाएँ। मैं ज़िन्दगी से ऊब गयी हूँ। किसी दिन कुएँ, तालाब...

अन्धी माँ : अरे, ऐसी बातें नहीं करते। मैं सब सँभाल लूँगी (**आवाज़ देती है**) कप्पण्णा, कप्पण्णा !...

कप्पण्णा : (**पेड़ के पीछे से ही**) जी...

अन्धी माँ : ज़रा इधर तो आ...

कप्पण्णा : नहीं आता।

अन्धी माँ : अरे मूरख, यह भी एक...

(उसी के पास जाकर)

दौड़कर घर जा। गोंठ में जाते ही दायें कोने में...

कप्पण्णा : दायें कोने में...

अन्धी माँ : तू हल रखता है न! वहीं ऊपर, हाँ खम्भे की तरफ़ शहतीर पर...

कप्पण्णा : खम्भे की तरफ़ शहतीर पर...

अन्धी माँ : एक पुराना ट्रंक है। उसे खोलना, उसमें बहुत-सा सामान भरा पड़ा है। वहीं पर कपड़े की एक पोटली है। उसे खोलना। उसमें लकड़ी का एक डिब्बा है।

कप्पण्णा : लकड़ी का डिब्बा...

लकड़ी का डिब्बा है फिर?

अन्धी माँ : उस डिब्बे में बायें किनारे एक क़ागज की पुड़िया है। उस पुड़िया

में नारियल का खोल है। उसमें दो जड़ियाँ हैं। उन्हें ले आ। जा।

कप्पण्णा : अभी?

अन्धी माँ : हाँ, अभी। अप्पण्णा के आने से पहले ही।

कप्पण्णा : माँ, मेरी बात सुनो। वह आ गया तो...

अन्धी माँ : बातें करके समय बरबाद न कर। जा, हाँ।

(उठकर घर की ओर चलने को तत्पर होती है। कप्पण्णा और कोई चारा न होने से जाता है।)

लड़की, तुम यहीं हो न?

रानी : यहीं हूँ, माँ। वह कौन था?

अन्धी माँ : मेरा बेटा—कप्पण्णा।

रानी : उसका मुँह दिखाई नहीं दिया ?

अन्धी माँ : उसका नाम मैंने कप्पण्णा रखा है। पर इससे तू यह मत समझना कि वह काला ही है। वह गोरा है। उसके पैदा होने पर, उसका रंग देखकर मेरे घरवाले ने कहा—यह कितना गोरा है। मैंने ऐसा गोरा बच्चा पहले कभी नहीं देखा, इसका नाम गोरा रखेंगे। पर मैंने तो ज़िन्दगी में कालेपन के अलावा और कुछ देखा ही नहीं था। मेरा जगत् तो काला ही है। मैंने कहा, मेरी आँखों का तारा भी काला होना चाहिए। इसीलिए इसका नाम कप्पण्णा रखा।

रानी : अब आपने उसे कहाँ भेजा है?

अन्धी माँ : वही बता रही हूँ, सुन। बैठ जा। **(दोनों बैठ जाती हैं।)** मैं जन्म से अन्धी हूँ। भला कौन मुझसे शादी करता? मेरे बापू मेरे लिए वर खोजते-खोजते थककर चूर-चूर हो गये थे। एक दिन हमारे घर एक संन्यासी आया। घर में मैं अकेली थी। मैंने सब प्रकार से उसकी सेवा की। गरम-गरम चावल बनाकर पेट भर परोसा। संन्यासी बड़ा खुश हुआ। मुझे जड़ियों के तीन टुकड़े देकर बोला—जो भी पुरुष यह जड़ी खाएगा, वह तुम पर आसक्त हो जाएगा।

रानी : **(उत्साह से)** आगे?

अन्धी माँ : उसने कहा, पहले छोटी वाली जड़ी ही खिलाकर देखना। उससे कोई फल नहीं निकला तो बीचवाला टुकड़ा खिला देना। उससे भी कोई फायदा न हुआ तो सबसे बड़ा टुकड़ा खिला देना।

रानी : फिर?

अन्धी माँ : एक दिन हमारे रिश्तेदारों में से एक लड़का हमारे गाँव आया था। हमारे घर में ही ठहरा था। मैंने जड़ी घिसकर, दाल में मिलाकर उसे

परोस दिया। (**दोनों हँसती हैं।**)
पता है कौन-सा टुकड़ा मिलाया...

रानी : कौन-सा टुकड़ा? सबसे छोटा। नहीं-नहीं, शायद सबसे बड़ा ही होगा।

अन्धी माँ : नहीं, मैं इतनी जल्दी में थी कि छोटे की ओर मेरा ध्यान नहीं गया। बड़े के बारे में संन्यासी ने डराया था। बीच का ही इस्तेमाल किया।

रानी : (**मन्त्रमुग्ध-सी होकर**) फिर?

अन्धी माँ : लड़के ने खाना खाकर एक बार मेरी ओर देखा, बस अपनी सारी सुध-बुध खो बैठा। दो दिनों में शादी कर ली। हमारे घर पर ही घर-जँवाई बनकर रह गया। अपने पास से उसे हटाना एक मुश्किल काम हो गया।

(रानी ताली बजाकर खिलखिलाकर हँसती है। कप्पण्णा ज़रा आगे आकर)

कप्पण्णा : माँ...

अन्धी माँ : हाँ, लगता है वह आ गया, अभी आयी।

(पेड़ के पास जाकर)

ला इधर।

(कप्पण्णा से जड़ियाँ लेकर तेज़ी से दरवाज़े के पास जाती है।)

अन्धी माँ : लड़की, तुम यहीं हो न?

रानी : यहीं हूँ, माँजी।

अन्धी माँ : ले।

रानी : यह क्या है?

अन्धी माँ : वह बतायी थी न जड़ियों की बात। तू भी एक ले ले।

रानी : (**घबराकर**) नहीं, नहीं, माँजी।

अन्धी माँ : ले, छोटा ही टुकड़ा ले। तेरी जैसी सुन्दर मलिका के लिए यह छोटा टुकड़ा ही बहुत है। एक बार तेरी खुशबू सूँघ लेगा तो बस उस कुतिया को सूँघेगा भी नहीं।

(रानी एक टुकड़ा उठाती है। अन्धी माँ बड़ा टुकड़ा लेकर अपनी अण्टी में खोंस लेती है।)

उस जड़ी के टुकड़े को बारीक पीसकर दाल में मिलाकर अपने घर वाले को परोस देना। उसका परिणाम क्या होगा तू ही देख लेना। तुझे ही अपनी पत्नी बना लेगा।

रानी : (**कुछ भी समझ में न आने से**) हमारी शादी तो हो चुकी है, माँजी।

अन्धी माँ : अब जो भी कहती हूँ वह सुन। जाकर अभी से घिसने बैठ जाना।

(कप्पण्णा सीटी मारता है।)

लगता है अप्पण्णा आ गया।

रानी : **(भीतर भागती हुई)** माँजी, अब तुम जाओ। आती-जाती रहना।

अन्धी माँ : अच्छी बात, पर मैंने जो कहा वह ज़रूर करना।

(जाती है। अप्पण्णा आता है।)

अप्पण्णा : कौन? अन्धी माँ...

अन्धी माँ : हाँ, कैसे हो अप्पण्णा? बहुत दिन हो गये...

अप्पण्णा : **(सन्देह से)** तुम्हें यहाँ क्या काम था, अन्धी माँ!

अन्धी माँ : सुना है कि तुम नयी बहू लाये हो। उससे मिलने आयी पर वह लाख बुलाने पर भी बाहर नहीं निकली।

अप्पण्णा : वह किसी से बात नहीं करती। किसी को उससे बात करने की ज़रूरत भी नहीं है।

अन्धी माँ : जाने दो।

(जाती है।)

अप्पण्णा : **(ज़रा ऊँची आवाज़ में)** ताला इसलिए लगाया था कि देख सकने वाले समझ सकें। इस अन्धी माँ की ज़बरदस्ती का क्या करें। एक शिकारी कुत्ता लाकर बाँध दूँगा।

(दरवाज़ा खोलकर भीतर जाता है।)

आज मैं खाना नहीं खाऊँगा। नहाकर चला जाऊँगा। एक गिलास गरम दूध दे दो।

(गुसलखाने में जाता है और नहाने लगता है। रानी चूल्हे पर दूध रखती है। तभी अन्धी माँ की दी उस छोटी-सी जड़ी की ओर ध्यान जाता है। सोचती है। भागकर गुसलख़ाने के पास खड़ी होकर यह पक्का कर लेती है कि वह नहा रहा है। लौटकर रसोईघर में जाकर वह जड़ी को पीसती है। दूध के गिलास में मिलाती है।)

अप्पण्णा : **(शरीर पोंछता-पोंछता)** दूध!

(रानी घबराकर उठती है। जड़ी के रस को दूध में मिलाकर दूध का गिलास लाकर अप्पण्णा को पकड़ाती है। वह एक ही घूँट में पूरा दूध गटक कर, गिलास उसके हाथ में देकर, ताला चाबी लेकर चला जाता है। रानी पति को देखती खड़ी है। वह दरवाज़ा आगे खींचने का यत्न करता है। सिर में चक्कर आने से दरवाज़ा

ज़ोर से पकड़ लेता है, उसी जगह पर धप से बैठ जाता है। वैसे ही दरवाज़े में आड़ा हो जाता है और खर्राटे भरने लगता है। रानी को कुछ समझ में नहीं आता। धीरे से पास आती है। अप्पण्णा गहरी नींद में है। उसे हिलाती है। लाचारी से उसे भीतर को घसीटती है। उससे कुछ बनता नहीं। रोने लगती है। दौड़कर एक लोटे में पानी लाकर उसके मुँह पर छींटे मारती है। वह धीरे से उठ खड़ा होता है। उसे धक्का देकर बाहर से दरवाज़ा बन्द करके चला जाता है।

रानी हक्की-बक्की होकर उसी ओर देखती खड़ी रहती है। फिर एक कोने में जाकर बैठ जाती है और अपने-आप से बातें करने लगती है। रंगमंच पर अँधेरा होने लगता है।)

रानी : राक्षस उसे क़िले में बन्द करके चला जाता है। बाद में सात दिन तक लगातार वर्षा होती रहती है। समुद्र में ज्वार आता है। उसकी लहरें क़िले के दरवाज़े से टकराने लगती हैं। दीवारें गिरने लगती हैं। एक तिमिंगल आकर रानी को पुकारता है। आ रानी, आ!

(रानी सो जाती है। आधी रात को कप्पण्णा अन्धी माँ को उठाकर लाता है। अँधेरे में ठोकर खाकर दोनों धप से गिर जाते हैं।)

अन्धी माँ : धत् तेरी की, आँखें हों तो यही मुसीबत। अँधेरे में दिखाई नहीं देता। इसीलिए मैंने सौ बार कहा कि कम-से-कम अँधेरे में मैं अकेली आ-जा सकती हूँ।

कप्पण्णा : जाओ माँ, जाओ। वैसे भी मैं उसके घर के पास जाने वाला नहीं। तुम भी भला क्या कर सकती हो अगर वह घर में हो और तुम्हें आधी रात को अपने घर के पास चक्कर काटती देख ले तो वह चुप रह जाएगा?

अन्धी माँ : चुप भी रह। हमारा काम सिर्फ यह देखना है कि वह ताला लगा है कि नहीं। वह खुला है तो समझना चाहिए कि वह भीतर है। तो हम जीत गये। तब तुरन्त हम लौट जाएँगे। तू ज़रा ठहर।

(जाकर दरवाज़ा खटखटाती है। पंजों पर खड़ी होकर बाँह आगे करके टटोलती है। ताला हाथ में लगता है, आश्चर्य से–)

अरे इसकी...ताला?

(सोचकर)

चाँदनी रात है। यहीं कहीं पत्नी को घुमाने ले गया होगा। फिर?

रानी : **(जागकर)** कौन है?

अन्धी माँ : अरे! तू भीतर है क्या, बेटी?

रानी : **(दौड़कर)** माँजी!

अन्धी माँ : क्या हुआ री! अब भी इस दरवाज़े पर ताला क्यों?

(रानी कोई उत्तर नहीं देती)

वह जड़ी घिसकर पिलायी कि नहीं?

रानी : पिलायी।

अन्धी माँ : फिर?

रानी : कुछ भी नहीं हुआ। ज़रा चक्कर आया। वैसे ही उठकर मुँह धोकर चले गये...

अन्धी माँ : **(सोचकर)** अच्छा! यह मामूली जड़ी नहीं है, बेटी। उस राँड़ ने भी कुछ कर रखा होगा...

रानी : कौन?

अन्धी माँ : **(ज़बान दबाकर)** धत् तेरी की! मैंने सोचा था कि तुझे न बताऊँ। वह है एक बाज़ारू औरत। उसी ने जकड़ रखा है तेरे घरवाले को। मसल डालती है उसे। इसका मतलब यह हुआ कि उसने ज़बरदस्त जादू किया है। अब उसके लिए एक ही उपाय है।

रानी : क्या?

अन्धी माँ : **(अण्टी से जड़ी का दूसरा टुकड़ा निकालकर देते हुए)** इस बड़ी जड़ी का टुकड़ा घिसकर पिला देना।

रानी : हाय राम, नहीं।

अन्धी माँ : मना नहीं करना।

रानी : उस छोटी-सी जड़ी के कारण सिर में चक्कर आ गया। फिर से कोई अनर्थ हो जाय तो?

अन्धी माँ : भला ही होगा। मैं हवा में बातें नहीं करती। मैंने जो अनुभव किया, वही कह रही हूँ।

(रानी जड़ी ले लेती है।)

अब मैं चली। मेरी बात याद रहे, डरना नहीं। दाल में जड़ी घिसकर मिला देना। एक कौर खिला देना। बाद में देखना उसकी करामात! तुझे अन्धी माँ कहने की देर है, बस तेरा घरवाला तुझे उठाकर मेरे घर ले आएगा।

(रानी शर्माकर हँसती हुई रसोईघर में चली जाती है। चन्दनौटी निकालकर जड़ी घिसती है। अन्धी माँ पेड़ के नीचे खर्राटे लेते

सोये कप्पण्णा को जगाती है। वह उसे झट से उठाकर भागता है। सुबह होती है। अप्पण्णा आता है। साथ में एक हिंसक जंगली कुत्ते को जंज़ीर में पकड़कर लाता है। उसे पिछवाड़े ले जाकर बाँध देता है। फिर अगले दरवाज़े पर जाकर ताला खोलता है। कुत्ता भौंकता है। वह सुनकर रानी पिछवाड़े की ओर देखती है।)

रानी : कुत्ता?...

अप्पण्णा : हाँ, वह बुढ़िया और उसका बेटा ज़रा इस तरफ़ फटकें तो सही, पता लग जाएगा।

(स्नान करने गुसलखाने में जाता है। रानी दाल का बर्तन चूल्हे पर से उतारती है। ढक्कन उठाकर देखती है।)

रानी : हाय! मुझे डर लग रहा है। मैं क्या करूँ? **(कहानी से)** इस जड़ी के घोल को दाल में मिला दूँ?

कहानी : हाँ!

(रानी घिसी हुई जड़ी कटोरे में लाकर भगवान को नमस्कार करके दाल में उड़ेल देती है। एकदम विस्फोट होता है। रानी घबराकर रसोईघर के एक कोने की ओर भागकर दुबककर बैठ जाती है। विस्फोट के साथ बर्तन की दाल रक्तवर्ण होकर उबलने लगती है। उबलकर दाल बर्तन से बाहर गिरने लगती है। धुएँ के छल्ले उठते हैं, कमरा धुएँ से भर जाता है। रानी ज़ोर से आँखें बन्द कर लेती है।

अप्पण्णा नहा रहा है। उसे रसोईघर के विस्फोट की कल्पना तक नहीं।

रानी धीरे से उठकर रसोई में आती है। दाल का बर्तन देखती है। बर्तन ऐसा लाल दीखता है मानो ख़ून से सना है।)

रानी : यह क्या? ख़ून? विष का धुआँ ? इसे मैं अपने पति को परोसूँ? उस अन्धी माँ को तो कुछ दिखाई नहीं देता। पर इनकी तो आँखें हैं। इन्हें यह उबलता ख़ून गिरता दिखेगा नहीं? संन्यासी के कहे अनुसार हो सकता है इन्हें दिखाई न दे। पर कुछ अनहोनी हो जाय तो? आगे क्या होगा? उस जड़ी के छोटे से टुकड़े से ही चक्कर आ गया था। अब इससे...

(अपने गालों पर थप्पड़ लगाती है)

नहीं, नहीं, भगवान, मुझसे ग़लती हो गयी। मैंने महान अपराध कर

डाला। ऐसे अच्छे माँ-बाप के पेट से जन्म लेकर मैं पाप कार्य करने चली थी। नहीं। इन्हें पता चलने से पहले ही इसे कहीं दूर ले जाकर फेंक आना चाहिए।

(बर्तन उठाकर बाहर जाती है। गुसलखाने की ओर जाये तो वहाँ पति है। अतः घर से बाहर जाती है। वहाँ आँगन के एक कोने में दाल गिराने की सोचती है।)

थू! सत्यानाशी। ये लाल-लाल धब्बे आँखों में कौंधते हैं। यह उनकी नज़र में पड़े बिना न रहेंगे। क्या करूँ? कहाँ डालूँ ताकि उन्हें दिखाई न दे सके ?

कहानी : रानी, देखो उधर साँप की बाँबी है।

रानी : हाँ। बात तो ठीक है।

(कहानी ने जिस बाँबी की ओर उँगली से इशारा किया था उस ओर जाती है। उस रसायन को उसमें डालने लगती है। पिछवाड़े कुत्ता भौंके जा रहा था।)

अप्पण्णा : रानी, वह कुत्ता क्यों भौंक रहा है, ज़रा देखो।

(उत्तर न मिलने पर)

रानी...रानी!

(शरीर पोंछते हुए वह गुसलखाने से निकलकर तेज़ी से आता है। वह दिखाई नहीं देती। रसोईघर में जाता है। वह वहाँ भी नहीं मिलती। आश्चर्यचकित होकर घर के दरवाज़े की ओर जाता है।

तब तक रानी दाल बाँबी में फेंककर घर की ओर दौड़ती है। उसके बाँबी की ओर पीठ करते ही एक नाग फुँफकारता हुआ बाँबी से बाहर निकलता है। गरम दाल से शरीर जल जाने के कारण इधर-उधर देखता है। रानी को देखकर और तन जाता है। बाद में उसका पीछा करता है। रानी के दरवाज़े पर पहुँचने तक वह भी पेड़ के पास आ जाता है और फन फैलाकर रानी को ही देखता है।)

अप्पण्णा : **(बिना किसी भावुकता से)** रानी, कहाँ गयी थी?

(उत्तर नहीं)

कहाँ गयी थी?

(उसके ज़रा अपनी जगह से हटते ही रानी घर में क़दम रखने का प्रयत्न करती है। अप्पण्णा उसके गाल पर एक थप्पड़

जमाता है। उस थप्पड़ से वह चक्कर खाकर बैठ जाती है। वह उसकी ओर दुबारा देखता भी नहीं, दरवाज़ा बन्द करके बाहर से ताला लगाता है। उसकी किसी भी क्रिया में गुस्सा नहीं। अनासक्ति और केवल क्रूरता है। पिछवाड़े जाकर वहाँ बँधे कुत्ते को खोलकर घर के सामने के दरवाज़े के पास बाँधकर चला जाता है।

पेड़ के पास फुँफकारते नाग को देखकर कुत्ता भौंकता ही जाता है। रानी जहाँ पड़ी थी वहाँ से उठकर रोती हुई सोने के कमरे में जाकर बिस्तर पर पड़ जाती है।

रात होती है।

नाग पेड़ के नीचे ही है।

कुत्ता भौंकता ही जा रहा है।

पूर्णरूप से अँधेरा होने पर नाग घर की ओर आता है। कुत्ता और ज़ोर से भौंकता है। उससे रानी जागकर इधर-उधर देखती है। लेटी-लेटी कुत्ते को "धत्! चुप हो जा, नासपीटा कहीं का!" कहती है और करवट बदलकर सो जाती है।)

कहानी : उस रात को नाग गुसलखाने की मोरी से घर में घुसकर मनुष्य का रूप धारण कर लेता है। यानी—

(अप्पण्णा का ही रूप, वही वेशभूषा। उस छद्म अप्पण्णा को हम अपनी सुविधा के लिए नागप्पा कह सकते हैं। नागप्पा सारे घर में रानी को ढूँढ़ता है। अन्त में रानी के कमरे में पहुँचता है। वहाँ रानी को टकटकी बाँधकर देखता खड़ा हो जाता है। कुत्ता भौंकता ही जाता है।)

द्वितीय अंक

[जहाँ पहला अंक समाप्त होता है वहीं से यह अंक आरम्भ होता है। रात का समय। रानी सोयी है। नागप्पा उसी को निहारता खड़ा है। बाहर कुत्ता भौंके जा रहा है। नागप्पा आकर बिस्तर के पास बैठता है। धीरे से उसके गाल सहलाता है। उसके स्पर्श से जागकर घबराकर रानी चीखती है। यह पहचानने पर कि वह उसका पति है, घबराकर उठ खड़ी होती है।]

रानी : आप! आप!

नागप्पा : खड़ी क्यों हो रानी? बैठो।

रानी : आप कब आये! खाना...परोसूँ?

नागप्पा : **(हँसकर)** खाना? इस आधी रात में?

रानी : जी नहीं। और कुछ लाऊँ?

(कुछ समझ में नहीं आने से दीवार से सटकर खड़ी हो जाती है।)

नागप्पा : ऐसे काँप क्यों रही हो? मुझे देखते ही इतना डर लग रहा है क्या?

(वह नहीं में सिर हिलाती है।)

तो बैठो।

रानी : नहीं।

नागप्पा : तो मैं वहाँ दूर जाकर बैठता हूँ। तुम यहीं बैठो। ठीक है न?

(दूर जाकर ज़मीन पर बैठता है।)

अब?

(वह बैठे-बैठे ही दीवार से सिर टिका लेता है। दीर्घ मौन। जम्हाई, ऊँघ, फिर भी जागे रहने का यत्न करता है।)

नागप्पा : तुम बहुत सुन्दर हो।

रानी : **(घबराकर)** जी! क्या? क्या चाहिए था?

नागप्पा : कुछ भी नहीं। मैंने कहा, तुम बहुत सुन्दर हो। **(रुककर)** बेचारी!

रानी : बेचारी!

नागप्पा : तुम्हारी जैसी कच्ची कली को ऐसा बेकार पति।

रानी : नहीं, मैंने तो कुछ नहीं कहा।

नागप्पा : तुमने तो कुछ भी नहीं कहा। मैंने ही कहा। आज सुबह मारा था...बहुत दर्द हुआ क्या?

रानी : नहीं तो।

नागप्पा : सारा दिन घर में अकेली पड़ी रहती हो। बेचारी! माँ-बाप की बहुत याद आती होगी?

(लड़की का गला भर आता है। फिर भी रुलाई रोकने का यत्न करती है।)

वे बहुत प्यार करते थे न?

(वह बच्चे के समान ज़ोर से रोने लगती है। नागप्पा घबराकर)

क्यों...क्या हुआ?

(कोई उत्तर नहीं देती। रोती ही जाती है।)

पता लग गया। तुम्हें उनको देखने की इच्छा होती है न? ठीक है, तुम्हें मायके भेजने का प्रबन्ध किया जाएगा।

(रानी चकित होकर रोना बन्द करके उसी को देखती है।)

सच, हाँ सचमुच। अब ज़रा हँसो तो, देखूँ! देखो, हँसने पर ही भेजूँगा।

(रानी हँसने का प्रयत्न करती है। फिर से कुत्ता भौंकता है।)

धत्! यह कुत्ता रोज़ ऐसे कान-फाड़ भौंकता रहता है तो तुम्हें नींद कैसे आती होगी?

रानी : पर...

नागप्पा : **(उसकी प्रतिक्रिया से सन्तुष्ट होकर)** पर माने क्या?

रानी : कुछ भी तो नहीं।

नागप्पा : **(उसे छेड़ने के लिए ही)** धत्! कितना भौंकता है यह कुत्ता ! लगता है तुम एक दिन भी सो नहीं सकी होगी।

रानी : पर...

नागप्पा : क्या? पर...पर क्या कहे जा रही हो, क्या है बताओ न?

रानी : पर आप उस कुत्ते को आज सुबह ही लाये थे न? अब तक कोई दिक्कत नहीं थी।

नागप्पा : **(अपने अज्ञान को छुपाने का यत्न करते हुए)** ओह! फिर भी तुम्हें बेकार में कष्ट दिया न...

रानी : इतने दिन चौका-बर्तन के बाद कोई काम नहीं होता था। सारा दिन

सोया करती थी। इसलिए रात को नींद नहीं आती थी। आज यह कम्बख्त कुत्ता जब से आया है तब से अपना गला फाड़े जा रहा है। इसलिए जब आप आये तभी थोड़ी आँख लगी थी।

नागप्पा : **(झूठे गुस्से से)** नहीं, आगे यह सब नहीं चलेगा। कल से रोज़ मेरे आते समय तुम्हें हँसते हुए स्वागत करना होगा। समझी?

रानी : रोज़ रात को?

नागप्पा : हूँ। आगे से मैं रोज़ रात को आऊँगा। **(दुलार से)** आ सकता हूँ न?

(रानी लाज से हँसती है। मौन। उसकी आँखों में नींद।)

मैं तुम्हारे पास आकर बैठ सकता हूँ ? कहीं फिर से उठकर खड़ी तो नहीं हो जाओगी?

(रानी नहीं में सिर हिलाती है। नागप्पा जाकर उसके पास बैठ जाता है। धीरे से उसके कन्धे के चारों ओर हाथ लपेटकर)

डरो मत, इतना डरने को मैं कोई गिद्ध या मंगूस तो नहीं ! मेरे कन्धे पर सिर रखो। अच्छा!

(वह डरते-डरते सिर रखती है। उसका डर कम होने तक चुप रहकर)

हाँ, ऐसे। अब तुम मुझे अपने माता-पिता के बारे में बताओ। वे क्या-क्या बातें करते थे? कौन-कौन-सी कहानियाँ सुनाते थे ? तुम्हें किस नाम से पुकारते थे? कैसे प्यार करते थे?

(उससे कोई उत्तर नहीं मिलता। वह उसकी छाती पर सिर रखे गहरी नींद में सो जाती है। नागप्पा धीरे-से उसका जूड़ा खोलता है। उसकी लम्बी केशराशि दोनों कन्धों पर फैल जाती है। उसे हथेलियों में लेकर सूँघता है)

कितने सुन्दर हैं इसके बाल ! काली नाग-कन्याओं जैसे।

(वैसे ही बैठा रहता है। पौ फटने लगती है। नागप्पा धीरे-से उसे उठाकर बिस्तर पर लिटाता है। माथा चूमकर चला जाता है। फिर से नाग बनकर गुसलखाने की मोरी से अपनी बाँबी में चला जाता है। प्रातः होता है। रानी उठकर इधर-उधर देखती है। पति दिखाई नहीं देता। गुसलखाने में जाकर मुँह पर पानी के छींटे देती है और सारे घर में पति को ढूँढ़ती है। अगले दरवाज़े के पास आती है। वह बन्द है। उसे धक्का देकर देखती है। उस पर बाहर से ताला लगा है। कुछ समझ में नहीं आने पर

रसोईघर में जाकर रसोई बनाने लगती है।)

(अप्पण्णा आता है। कुत्ता भौंकने लगता है। सीटी बजाकर उसके सिर पर हाथ फेरकर पुचकारता है और ताला खोलकर भीतर आता है।)

रानी : (हँसकर) आप कब चले गये, मालूम ही नहीं...

अप्पण्णा : (चिढ़कर) क्या?

रानी : (घबराकर ठण्डी पड़ जाती है) कुछ भी नहीं।

अप्पण्णा : नहाकर आता हूँ। खाना परोसो।

(गुसलखाने में जाता है। वह उसी की ओर देखती है। रसोईघर में जाती है। सिर खुजलाती है।)

रानी : मैंने सपना देखा होगा।

(अप्पण्णा नहाकर आता है। बिना कुछ बोले खाना खाता है। दरवाज़ा बन्द करके चला जाता है। रानी अपने कमरे में जाकर बैठती है। उसे नींद आ जाती है।

रात हो जाती है। अँधेरे में कुत्ता भौंकने लगता है। किसी अन्य प्राणी से झगड़ने की आवाज़। बीच-बीच में नाग की फुँफकार। अन्त में कुत्ता 'कुई-कुई' करके चीख़ता है। फिर उसकी आवाज़ बन्द हो जाती है।

रानी दौड़कर अगले दरवाज़े के पास आकर देखती है और कहती है, "ऐ पागल! बेकार में क्यों भौंक रहा है !" अँधेरे में कुछ भी दिखाई नहीं देता। फिर से अपने कमरे में जाकर सो जाती है।

तभी नाग गुसलखाने की मोरी से भीतर आता है। नागप्पा का रूप धारण करता है। उसके कन्धे और गाल पर घाव हैं। उन्हें धोता है। रानी के कमरे में प्रवेश करता है। उसके क़दमों की आहट सुनते ही रानी घूँघट खींचकर सो जाती है।

नागप्पा हँसते हुए आकर पलँग के किनारे बैठ जाता है। कुछ देर बाद रानी घूँघट हटाकर देखती है। नागप्पा को देखकर आँखें बन्द कर लेती है।)

नागप्पा : ऐ! यह कौन-सा खेल है?

(आँखें खोले बिना रानी अपनी उँगली ज़ोर से काट लेती है। उस दर्द से 'हाय' कहकर चीख़ती है।)

क्या कर रही हो, रानी?

रानी : (**उँगली झटकती हुई उठ बैठती है। अपने-आप**) मैं शायद पागल हो गयी हूँ।

नागप्पा : क्यों?

रानी : (**मानो अपने-आप**) मैंने सोचा था कि इनका कल रात को आना, मुझसे बातें करना, सब सपना होगा। पर यह सपना तो नहीं हो सकता। शायद यह भ्रम होगा। घर में अकेली रहते-रहते मेरे दिमाग़ में दीमक लगने लग गयी होगी।

(**मौन**)

नागप्पा : सपना भी नहीं, भ्रम भी नहीं। सचमुच मैं आया हूँ, तुम्हारे सामने बैठा हूँ। छूकर देखो तो!

(**वह छूती नहीं।**)

छूओगी नहीं। तो कोई बात करो। वह भी नहीं तो ठीक है। मैं जाता हूँ।

रानी : नहीं, नहीं।

नागप्पा : तो चुपचाप मुँह बन्द करके बैठे रहने से क्या लाभ?

रानी : मैं क्या बात करूँ?

नागप्पा : जो चाहे बात करो। अपने बारे में कहो। अपने मायके के बारे मे कहो। माँ-बाप के बारे में कहो। जो समझ में आता है, वह कहो। अगर तुम यह चाहती हो कि मैं यहाँ रहूँ, तो बताओ कि क्यों रहूँ? अगर चाहती हो कि चला जाऊँ तो बताओ क्यों जाऊँ?

रानी : (**सटकर**) यही कि आप ऐसा बचपना करें तो बताइए मैं क्या कहूँ?

नागप्पा : बचपना?

रानी : (**अटककर**) रात के समय तो प्यार से बातें करते हैं। दिन में तो मुँह खोलते ही फाड़ खाने आते हैं।

(**हँसता है।**)

आपको तो हँसी आती है। मेरा तो रोने का मन करता है।

नागप्पा : तो यह बताओ कि रात के समय आना बन्द कर दूँ या दिन में? तुम ही बताओ।

रानी : मैं कौन हूँ बताने वाली? आपका घर है, आपकी मर्ज़ी।

नागप्पा : नहीं, ऐसा करेंगे कि दिन में पति की मर्जी, रात में पत्नी की। अगर तुम नहीं चाहती हो तो रात के समय नहीं आऊँगा।

रानी : (**आँसू बहाते हुए**) ऐसे क्यों तंग कर रहे हैं? यहाँ अकेली रहते-रहते थक गयी हूँ। आज भी यह सोचकर बुरी तरह से डर रही थी कि

आप रात को आएँगे कि नहीं। अगर आपका आना एक सपना होता...अब आप न आते, मैं रो-रोकर मर ही जाती। भगवान की कसम। पर आते ही व्यंग्य करेंगे, मैं क्या कहूँ?

नागप्पा : **(हँसी के बिना)** रानी, बात ऐसी ही है। दिन वैसा, रात ऐसी। क्यों ऐसा है, यह मत पूछना।

रानी : नहीं पूछूँगी।

नागप्पा : आओ। कल मेरी छाती पर सिर रखकर बच्चे के समान सोयी थी न, वैसे ही सो जाओ।

रानी : **(लजाते हुए उसकी बाँहों में जाते ही घबराकर)** हाय राम, यह क्या?

नागप्पा : क्या?

रानी : आपके गालों पर से ख़ून बह रहा है ! कन्धे पर भी ख़ून! ऐसा लगता है कि दाँतों के निशान हैं! आते समय काँटों की झाड़ी में से होते आये थे?

नागप्पा : कुछ भी नहीं, छोड़ो।

रानी : रुकिए। मरहम लगाती हूँ। माँ ने एक डिब्बी दी थी। कहाँ रख दी? उस दिन प्याज काटते समय अँगूठे में चोट लग गयी थी तब निकाली थी। हाँ, उस शीशे की पेटी में होगी।

(उठकर उस शीशे का दराज़ खोलती है। नागप्पा यह सोचकर वहाँ से हटना चाहता है ताकि शीशे में रानी को उसका प्रतिबिम्ब दिखाई न पड़े। पर वह देख लेती है। ज़ोर से चीख़ पड़ती है। वह उसे खींचकर, अपनी बाँहों में लेता है। वह काँपने लगती है।)

नागप्पा : क्या हुआ? क्या हुआ, रानी?

(उससे बचाकर वह डिब्बा बन्द करके वहाँ से हटाता है। वह धीरे से सिर उठाकर उस ओर देखती है जहाँ वह पहले बैठा था।)

क्या हुआ?

रानी : कुछ भी नहीं। शीशे में देखा तो जहाँ आप बैठे हैं न, वहाँ एक...

(हाथ से फन बनाकर दिखाती है।)

बैठा-सा लगा।

नागप्पा : क्या कोई नाग...?

रानी : **(उसके मुँह पर हाथ रखकर)** छिः, नाम मत लीजिए। रात के समय उसका नाम लो तो घर के भीतर आ जाता है।

नागप्पा : नाग घर के भीतर आ ही जाये तो?

रानी : ऐसा न कहिए। जिसको याद नहीं करना चाहिए, उसे ही बार-बार याद क्यों करते हैं !

नागप्पा : ठीक है। समझो 'वह' आ गया। आए तो वह प्यार से क्यों नहीं आएगा?

रानी : न बाबा न, भगवान बचाए। ऐसा कुछ न हो। याद करते ही मेरे रोंगटे खड़े हो जाते हैं।

नागप्पा : **(हँसकर)** आओ। इधर बैठो।

रानी : नहीं।

नागप्पा : मैं हूँ न!

(दोनों साथ बिस्तर पर बैठते हैं। उसका मुँह देखकर)

रानी : अरे, मेरी अक़्ल पर पत्थर पड़ गये क्या। आपके घाव पर मलहम लगाया ही नहीं।

(उठने का यत्न करती है। वह उठने नहीं देता। वह उसका घाव छूती है। काँप जाती है। कितना ठण्डा है आपका ख़ून!)

रात नहीं देखते, दिन नहीं देखते, वर्षा का डर नहीं, आँधी की चिन्ता नहीं। सारा दिन भटकते रहते हैं।

(एकदम आँखें बन्द करके उसकी छाती पर सिर रख देती है।)

नागप्पा : अब क्या हो गया?

रानी : जब से उस शीशे में देखा तब से वही दिमाग़ में चक्कर काट रहा है।

(सिर उठाकर उसी की आँखों में झाँककर)

बापू कहते थे–चिड़िया नाग की ओर देखे तो बस...

नागप्पा : अब तुमने ही नाम ले लिया तो आ ही जाएगा, देखो, वह।

(हाथ से फन-सा बनाकर दिखाता है।)

रानी : आने दीजिए। आप जब मेरी बग़ल में हैं तो मुझे डर नहीं लगता।

नागप्पा : बापू क्या कहते थे?

रानी : बापू कहते थे–चिड़िया के नाग की ओर देख भर लेने से ही, नाग अपनी दृष्टि में ही उसे फाँस लेता है। चिड़िया अपने को छुड़ा नहीं सकती। वह नाग की आँखों में रंग-बिरंगे चित्र देखने में ही अपने आपको खो बैठती है। अपना डर भूलकर आधे पंख हवा में खोलकर पत्थर-सी हो जाती है।

(उसकी आँखों में आँखें डालकर बैठ जाती है। दीर्घ मौन।)

नागप्पा : धीरे से तब नाग चिड़िया पर झपट्टा मारकर उसे निगल जाता है।

(उसे चूमता है। दोनों उसी भंगिमा में निश्चल पड़े रहते हैं। यह देखकर कुछ ज्योतियाँ खिलखिलाकर हँस पड़ती हैं। उनमें यों बातें होती हैं। 'थू' 'हमें बाहर जाना चाहिए' 'मैंने कहा न हमारे घर में यह सदा चलता है। हमें इसमें कोई विशेष नहीं लगता।' 'अरी चुप भी रहो।' बाद में सब चुप हो जाती हैं। रानी उठकर एक कोने में बैठ जाती है। अपने दोनों हाथों से घुटने लपेटकर उसमें सिर घुसेड़ कर रोती है।)

नागप्पा : क्या हुआ?

रानी : धत्! आप मुझसे बात मत कीजिए।

नागप्पा : रोने के लिए ऐसा क्या हो गया?

रानी : मैंने कहा नहीं कि आप चुप हो जाइए।

(मौन)

मुझे यह मालूम नहीं था कि आप इतने खराब हैं। पता होता तो मैं विवाह ही नहीं करती। आपकी चिकनी-चुपड़ी बातें सुनते ही मुझे सचेत हो जाना था।

(एकदम याद करके)

अम्मा री! अगर माँ-बाप को पता लग जाय तो पता नहीं क्या-क्या कहेंगे ?

नागप्पा : क्या कहेंगे? यही तो कहेंगे कि हमारी बेटी हमारे क़दमों पर चल पड़ी। अच्छा ही हुआ।

रानी : **(चिढ़कर)** बन्द भी रखिए अपना मुँह। कहे देती हूँ—मैं आपकी पत्नी हूँ। आप मेरे साथ जैसा भी सलूक करें कोई पूछने-ताछने वाला नहीं है। पर आपका मेरे माँ-बाप के बारे में ऐसी बातें करना, मैं बर्दाश्त नहीं कर सकती। धत्, यह कुत्ता भी...

नागप्पा : **(हँसकर)** अरे राम! उस कुत्ते ने ऐसे क्या अच्छे कर्म किये हैं जो उसी का नाम जपे जा रही हो ! घनघोर वर्षा में टर्राने वाले मेंढक, अँधेरे में चुपचाप गाने वाले गीदड़ और केंकड़े, चिउँटियाँ, नाग, अबाबील, मछलियाँ, धरती की गन्ध छोड़ने के समान मादा भी एक खुशबू छोड़ती है। उस गन्ध से मदमाता होकर नागराज रानी को खोजता है। शेर शेरनी को ढूँढ़ता है। रत्तियों के पेड़ पर लाल-लाल रत्तियाँ खिल उठती हैं। बरगद की कोंपल फूटते ही धरती अपना मुँह खोल देती है। तब उसकी जड़ उसके खोखल से अवरुद्ध जगह

में पत्थरों की सन्धि में आकाश से पाताल तक अँकुवाकर, फूटकर, फोड़कर धँस पड़ती है और हर जगह अपना आकार फैला लेती है; और सन्तुष्ट होकर, पस्त होकर फैल जाती है। यही बात हर जगह है, हर चीज़ के लिए है।

रानी : बाप रे! दिन में एक बात मुँह से निकलवानी हो तो धरती-आकाश एक होने चाहिए। पर रात में तो बातों की फुलझड़ियाँ लग जाती हैं। कीड़े-मकोड़े, साँप कुछ भी करें, मनुष्य को तो ज़रा शरम होनी चाहिए न?

नागप्पा : **(ध्यान से सुनकर)** पौ फटने को है। अब मैं चलता हूँ।

रानी : नहीं-नहीं।

नागप्पा : सुनो, चिड़ियों का कलरव।

रानी : **(चिढ़कर)** यह कलरव गले में फँसकर इन चिड़ियों का दम क्यों नहीं घुट जाता ! किसने दिया है उन्हें यह बेकार का बड़प्पन?

नागप्पा : फिर से कल रात को आऊँगा न!

रानी : रात यानी दोपहर को खाने के लिए नहीं आएँगे?

नागप्पा : **(याद करके)** ओह! वह तो रोज़ की बात है। **(रुककर)** देखो रानी, आगे से मैं रोज़ दिन में भी आया करूँगा और रात को भी। लेकिन एक शर्त है...रात को तुम्हें कमरे में सोये रहना होगा। रात को मेरे आने के समय और जाने के समय तुम अपने कमरे से बाहर नहीं निकलोगी और खिड़की से भी नहीं झाँकोगी। यह मत पूछना—क्यों?

रानी : मैं नहीं पूछूँगी। सुअर, तिमिंगल, गरुड़ आदि 'क्यों' नहीं पूछते। मैं भी नहीं पूछूँगी। पर वे सब 'चाहिए' कहते हैं, तब मैं भी चाहिए कह सकती हूँ न?

(हँसती हुई जाकर उससे लिपट जाती है। दोनों आलिंगन करते हैं।)

(बाहर बरगद के पेड़ के पास कप्पण्णा और अन्धी माँ आते हैं। कप्पण्णा सदा की भाँति पेड़ के नीचे बैठ जाता है। अन्धी माँ घर के अगले दरवाज़े की ओर जाती है और मरे पड़े कुत्ते के शव से टकरा जाती है। तब आश्चर्य से उसे टटोलकर देखती है। दरवाज़े को भी टटोलती है। उस पर ताला लगा देखकर)

अन्धी माँ : **(फुसफुसाकर)** कप्पण्णा...

कप्पण्णा : आँ...ऽँ...

अन्धी माँ : इधर आ।

कप्पण्णा : ऊँ हूँ, नहीं आता।

अन्धी माँ : आ तो। इस बुद्धू को एक बार में बात मान लेने की आदत ही नहीं। यहाँ कुछ अजीब-सा गुल खिला है। अरे आ तो!

(अनमना-सा कप्पण्णा आता है।)

यह देख, यह क्या है?...कुत्ता...?

कप्पण्णा : हाँ...मर गया है।

अन्धी माँ : कहाँ से आया यह? परसों तो नहीं था। फिर वह ताला...वह भी अपनी जगह से नहीं हटा ! यह कैसा? उस पागल लड़की ने कुछ और तो नहीं कर लिया ? देखो ! कुछ दिखाई दे रहा है, देख!

कप्पण्णा : (देखकर) नहीं।

अन्धी माँ : शी! चुप!

(दोनों सुनते हैं। तभी नागप्पा कमरे से बाहर निकलकर गुसलखाने की ओर जाता है।)

कप्पण्णा : (**धीरे से**) क़दम...

अन्धी माँ : पायल नहीं। यानी मर्द के क़दम।

कप्पण्णा : अप्पण्णा होगा। बाहर आ रहा होगा। चलो, चलो।

अन्धी माँ : पर दरवाज़े पर बाहर से ताला लगा है। बाहर कैसे आएगा? (**और एक नया विचार उठने से**) अगर यह ताला अप्पण्णा ने ही लगाया है तो वह भीतर कौन है?

कप्पण्णा : यह भी सोचने की बात है !

अन्धी माँ : देखो, कौन होगा?

अप्पण्णा : यहाँ से कुछ भी दिखाई नहीं देता।

अन्धी माँ : तो पिछवाड़े जाकर गुसलखाने की तरफ़ से देख–

(वह बेमन-सा जाता है। नागप्पा के अप्पण्णा का वेश बदलकर, नाग बनकर मोरी से बाहर निकलने तक कप्पण्णा वहाँ पहुँच जाता है।)

कप्पण्णा : हाय-हाय, साँप...साँप, नाग...साँप।

अन्धी माँ : कहाँ रे?

कप्पण्णा : पिछवाड़े, गुसलखाने की मोरी से आ रहा था।

(अगले भाग की ओर दौड़कर आता है और माँ को उठाकर भागना चाहता है।)

अन्धी माँ : ऐ, ऐसे क्यों भाग रहा है? वह अब तक चला गया होगा, उतार मुझे। उतार!

(उस शोर से रानी उठकर आती है।)

रानी : कौन? कौन है? अन्धी माँ है क्या?

अन्धी माँ : उतार मुझे। (**रानी से**) हाँ बेटी, मैं ही हूँ।

(**रानी बाहर की ओर दौड़कर आती है। अन्धी माँ घर की ओर जाती है।**)

कप्पण्णा : (**ज़ोर से**) माँ, ध्यान रहे, वह यहीं कहीं होगा।

रानी : क्या हुआ माँजी, यह शोर कैसा ?

अन्धी माँ : मैं पास नहीं आऊँगी, बेटी। हमारे कप्पण्णा को वहाँ एक नाग दिखाई दिया।

रानी : (**घबराकर**) कहाँ?

अन्धी माँ : तुम्हारे घर के गुसलखाने की मोरी से बाहर निकल रहा था।

रानी : हाय राम! ये उसी तरफ तो नहीं गये। जी, ओ जी...

(**गुसलखाने की ओर भागती है। वहाँ कोई नहीं। ज़रा तसल्ली होती है, रसोईघर में भी देख आती है।**)

अन्धी माँ : किसे बुला रही हो, रानी?

रानी : इनको...

अन्धी माँ : अप्पण्णा को?

रानी : अभी-अभी गये। इसीलिए डर लग रहा है।

अन्धी माँ : वह घर में ही होगा। रानी, मुझे और कप्पण्णा को आये आधा घण्टा हो गया। यहाँ कोई बाहर नहीं निकला !

रानी : पर वे घर में तो नहीं हैं !

(**दरवाज़े को धक्का देकर देखती है।**)

देखो, दरवाज़े पर बाहर से ताला लगा है। अगर वे भीतर होते तो बाहर कैसे ताला लगा रहता ? वे अभी-अभी चले गये होंगे। तुमने ध्यान नहीं दिया होगा।

अन्धी माँ : (**विश्वास नहीं होता**) हो सकता है, हो सकता है, तो गृहस्थी शुरू कर दी न?

रानी : (**लजाकर**) जी हाँ, माँजी! (**जम्हाई लेती है।**)

अन्धी माँ : थक गयी होगी न! जा, जा, सो जा। (**हँसकर**) कैसा है मेरी जड़ी का असर?

रानी : आती रहो, माँजी!

अन्धी माँ : हाँ, एक बात का ध्यान रखना। रोज़ रात को गुसलखाने की मोरी

में कलछी घुसेड़कर लोबान देना न भूलना, इससे घर में कीड़े-मकोड़े नहीं आएँगे।

(रानी भीतर जाती है। कप्पण्णा अन्धी माँ को पीठ पर लादकर ले जाता है।)

कप्पण्णा : माँ, हमने जिन क़दमों की आहट सुनी थी, यदि अप्पण्णा की ही थी तो बाहर आया क्यों नहीं?

अन्धी माँ : वह भीतर ही है रे, मुझे मालूम है। एक बार पति-पत्नी खेलना शुरू कर दें तो कैसे-कैसे खेलते हैं, इसका कोई अन्त नहीं। रोज़-रोज़ नये-नये खेल ईज़ाद होते जाते हैं।

(कप्पण्णा एकदम खड़ा हो जाता है। दूर देखता हुआ तनकर खड़ा हो जाता है। अन्धी माँ के उसकी पीठ पर घूँसे जमाने पर भी वह टस-से-मस नहीं होता।)

अन्धी माँ : कप्पण्णा, कप्पण्णा, क्या है रे ? ऐसे क्यों कर रहा है कप्पण्णा...?

कप्पण्णा : **(एकदम सचेत होकर)** आँ! कुछ भी नहीं।

अन्धी माँ : कुछ भी नहीं तो तू क्यों ऐसे खड़ा हो गया? यानी कुछ हो गया है?

कप्पण्णा : मेरे कहने पर तुम्हें विश्वास नहीं होगा।

अन्धी माँ : विश्वास न करने की क्या बात है? उसका नाम भर बता दे। आस-पास दस गाँवों में ऐसी लड़की नहीं जिसे मैं पहचानती नहीं हूँ। पर ऐसे असमय में यहाँ आने वाली लड़की...

कप्पण्णा : कितनी बार कहूँ। यह गाँव की लड़की नहीं है। देखो, कल जक्कणी के कुएँ में से तैरकर आयी थी। अब उस श्मशान से चली आयी है। मुझे देखकर हँस पड़ी। हाथ का इशारा करके बुलाया। मालूम है, वह कौन है?

अन्धी माँ : **(दुतकारकर)** यक्षिणी ही होगी। नहीं तो भूतनी।... चौड़ी, राक्षसी। ऐसी पागलों जैसी बातें क्यों करता है? बता न वास्तव में वह कौन है?

कप्पण्णा : तुम बताने देती हो?

अन्धी माँ : कप्पण्णा, जब से मैंने तुझे जन्म दिया तब से मुझे ऐसा नहीं लगा कि तुम अलग हो और मैं अलग। तू ऐसी टेढ़ी-मेढ़ी बातें करेगा तो समझो, हम दो हो रहे हैं।

कप्पण्णा : वह जब भी मुझे देखती है तब ही बुलाती है।

अन्धी माँ : चुप भी रह।

(दोनों बातें करते जाते हैं। धूप चढ़ आती है। अप्पण्णा आता है। दूर से ही कुत्ता देखकर)

अप्पण्णा : अरे! इस कुत्ते को क्या बीमारी हो गयी ! धूप सिर पर चढ़ आने पर भी मुर्दे जैसा पड़ा है?

(पास जाकर)

हाय, यह तो मर गया है ! पचास रुपये देकर लाया था। क्या हो गया इसे?

(परीक्षण करके)

धत् तेरी की ! साँप ने काटा होगा।

(उसकी ध्वनि सुनकर रानी खिड़की के पास जाकर देखती है।)

मामूली कुत्ता नहीं यह। चीते का भी मुक़ाबला कर सकता था। यह साँप को दूर से ही देखे बिना रहा होगा? देखकर भौंका भी होगा। उससे उलझा भी होगा। तुम्हें रात को कोई आवाज़ सुनाई नहीं दी?

(वह नहीं में सिर हिलाती है।)

तुम्हें नींद के अलावा कुछ सूझता है? मूर्ख कहीं की!

(उठता है।)

चमार ईर्या को बुला लाता हूँ।

(जाता है। रानी उसी को हैरान होकर देखती है। अपना गाल छूकर)

रानी : पर...कल रात गाल पर, कन्धे पर ख़ून लगा था। अब कुछ भी नहीं ! मुझे ही भ्रम रहा होगा...

(सोचती हुई रसोईघर में जाती है। खाना पकाने लगती है। अप्पण्णा आता है। नहाता है। भोजन करने बैठता है। वह परोसती है। वह भोजन करके, हाथ धोकर बाहर से दरवाज़े पर ताला लगाकर चला जाता है। जब यह दृश्य चलता है...)

कहानी : शिकारी कुत्ते के मर जाने से अप्पण्णा का क्रोध बढ़ जाता है। उस दिन वह एक मंगूस लाकर बाँधता है। मंगूस भी एक दिन ही जी पाता है। पर वह मरने से पहले कुत्ते से ज़्यादा साहस दिखाता है। जान की बाज़ी लगाकर लड़ा होगा। उसके मुँह पर ख़ून लगा था। नाख़ूनों में माँस के टुकड़े। दाँतों में साँप की फटी चमड़ी।

उस रात को रानी ने बड़ी प्रतीक्षा की। वह आया नहीं। दूसरे दिन रक्त से सना मंगूस का शरीर देखकर रानी बेहोश होकर गिर पड़ी।

बाद में पन्द्रह दिन तक उसका पता ही नहीं चला। रानी ने उसी की याद में रो-रोकर, बिलख-बिलखकर दिन काटे। उसके दुबारा आने तक उसके शरीर पर के घाव भरने लग गये थे। रानी ने घावों पर मलहम लगाया। पर उसके बारे में नहीं पूछा। उसका आना ही रानी के लिए बहुत था।

पर विचित्र बात यह थी कि पति दिन में जब घर आता था, तब उसके शरीर पर घाव नहीं दीखते थे।

(अँधेरा होता है। रानी घर में दीया जलाती है। उसके दीया जलाते ही प्रत्येक ज्योति अपना-अपना स्थान ले लेती हैं। आस-पास घरों में भी दीये जलने लगते हैं।)

रानी : **(ज्योतियों से)** ज़्यादा आतुर न होओ। अपने को काबू में रखो। अभी रात की रानी खिल जाएगी और सुगन्ध फैल जाएगी।

(सोने के कमरे में भाग कर जाती है। नागप्पा की प्रतीक्षा में अधीर-सी बैठ जाती है। अँधेरा होने के बाद नाग बाहर से आकर गुसलखाने में प्रवेश करता है। रानी लम्बी-सी साँस लेकर एकदम उठ खड़ी होती है।)

अहा...रात की रानी की सुगन्ध का क्या कहना ! उसके आने तक घर में बिना नागा कैसी सुगन्ध भर जाती है! कैसे उनका स्वागत करती है! हर साँस कैसे नाच उठती है!

(नागप्पा आता है। दोनों नाचते हैं। ज्योतियाँ भी उनके चारों ओर घेरा बनाकर नाचती हैं। गाती हैं।)

ज्योतियों का गीत

आओ नाचें-कूदें,
उड़ चलें प्रकाश में
बया के घोंसले में
जुगनू चिपकाकर
अधमुँदी आँखों में
चाँदनी भर दें
लोरी गाएँगे
उतारेंगे आरती।

(गीत समाप्त होते समय रानी और नागप्पा एक साथ लेटे हैं। वह उसकी केशराशि के साथ खेल रहा है। रानी एकदम हँस पड़ती है।)

रानी : ख़ैर...जान में जान आयी।

नागप्पा : क्यों? क्या हुआ?

रानी : आपको यह मालूम है कि इतने दिन से आप आ रहे, यह सच है या सपना, यह सोचकर मैं कितनी परेशान रही हूँ। सुबह आपकी त्यौरियाँ देखकर तो यह सोचकर रो पड़ी थी कि यह सच है ही नहीं? पर असली परेशानी शाम को शुरू होती। पिंजड़े का तोता! वही दीवार। वही ओलती। आँखें बन्द किये पड़ी रहती थी। पर सूर्यास्त होते-होते सारी दुनिया मेरे कानों में झंकृत होने लगती। गायों के गले की घण्टियाँ सुनते ही सन्ध्या का भास होता। दूर उस वेला में पक्षियों का कलरव सुनने पर ऐसा भास होता मानो सन्ध्या और गहरी हो गयी हो। एक दिशा से दूसरी दिशा तक झींगुर की झनकार फैल उठती तो रात होने की सूचना मिलती। अब इनके आने का समय हो गया। यदि ये न आए तो? रात की रानी न खिले तो? यह सब मेरा भ्रम हो तो? प्रत्येक रात वही चिन्ता। पेट में खलबली। यह है मेरा भाग्य। अब आगे से यह मुसीबत न रहेगी।

नागप्पा : अच्छा?

रानी : हाँ। अब वह सपना नहीं। कहने को पूरा प्रमाण मिल गया है।

नागप्पा : कैसा प्रमाण?

रानी : चार मास हो गये, मैं महीने से नहीं बैठी।

(कोई प्रतिक्रिया नहीं)

मैंने कहा, महीने से हुए चार मास हो गये।

(उसकी चुप्पी देखकर, ज़रा ज़ोर से)

मेरी बात सुनाई दी कि नहीं?

नागप्पा : **(यह समझ में न आने से कि क्या कहे, प्रयत्नपूर्वक हँसते हुए)** सुनाई दी।

रानी : **(छोटे बच्चे को समझाने के समान अपनी खुशी व उल्लास काबू में रखते हुए)** यानी इसका मतलब है मैं गर्भ से हूँ।

(नागप्पा की हँसी एकदम ग़ायब हो जाती है। हैरान होकर उसी को देखता है। उसकी प्रतिक्रिया देखकर रानी की हँसी भी ग़ायब हो जाती है। धीरे से)

हमारे एक बच्चा होने वाला है।

(मौन)

ऐसे पत्थर के विग्रह के समान क्यों बैठ गये हैं? आपको खुशी भले

ही न हुई हो, पर मेरी तसल्ली के लिए ज़रा तो हँसिए।

(वह उसी को देखता बैठा रहता है। दीर्घ मौन, रानी चिन्ता से)

आपको लेकर मैं क्या करूँ? हँसूँ, रोऊँ या दीवार से अपना सिर फोड़ लूँ? आप किस बात पर कैसी प्रतिक्रिया दिखाएँगे यह मेरी समझ में नहीं आता। सोचती थी कि यह ख़बर सुनते ही आप खुशी से नाच उठेंगे। मुझे गोद में लेकर चूमेंगे। नाचेंगे। मेरे पेट पर से साड़ी हटाकर चूमेंगे। और पता नहीं क्या-क्या...

(रुककर)

पर मुझे यह डर भी था कि आप नहीं भी करेंगे। इसीलिए इतने महीने से मैंने यह बात छिपा रखी थी। हम जब दो ही रहते हैं, आपका व्यवहार, आपकी बात मेरी समझ में नहीं आती। अब यह तीसरे जीव के आने के बाद पता नहीं क्या होगा, सोचकर चुप थी।

(आँसू भरकर)

मुझे जो सन्देह था, वही सत्य हुआ। आपको बच्चा होने की बात से भी खुशी नहीं है। मेरे मातृत्व के बारे में अभिमान नहीं है। कभी-कभी ऐसा लगता है कि आप मनुष्य ही नहीं हैं।

(ज़बरदस्ती उसका हाथ अपने पेट पर रखकर)

देखिए, हमारा बच्चा अँधेरे में कैसे सिकुड़कर बैठा है। सोये-सोये बाहर के जगत् का सारा शोरगुल सुन रहा है जैसे कि सारा दिन एक कोने में बैठी मैं सुनती रहती हूँ।

नागप्पा : **(धीरे से)** तुमने इतने दिन से यह बात छिपाये रखी, यह अच्छा ही हुआ। आगे भी जितने दिन हो सके, इसका ज़िक्र नहीं करना। वह रहस्य बनकर ही रहे।

रानी : किससे?

नागप्पा : मुझसे।

रानी : आप क्या कह रहे हैं! कम-से-कम यह आपको समझ में आ रहा है। मुझे आपसे जो कहना था कह चुकी हूँ। वह फिर से रहस्य कैसे बन सकता है ? इसके अलावा भला कितने दिन उसका रहस्य बनकर रह सकना सम्भव है? बस एक हफ्ता, पन्द्रह दिन या तीन सप्ताह !

नागप्पा : **(विषाद से हँसकर)** रहस्य खुलेगा ही—मैं यह जानता हूँ। जितने दिन हो सके, कृपा करके मैंने जैसा कहा वैसा करो।

रानी : **(शून्य में देखकर)** करूँगी। यह नहीं पूछो 'क्यों', 'जैसा कहता हूँ

वैसा करो'। ठीक है, नहीं पूछूँगी। करूँगी। सुबह चिढ़े-चिढ़े रहना, रात को प्यार। दिन का मुँह कुछ और रात का रूप-स्पर्श कुछ और। एक का दूसरे से सम्बन्ध नहीं। पर यह नहीं पूछना 'क्यों'। दोनों समय का सूत्र एक ही—'जो कहता हूँ, वह करो'।

(वह उत्तर नहीं देता। रानी आश्चर्य से)

जब आप मुझे यहाँ लाये, तब मैं एक बन्दरिया की बच्ची-जैसी थी। मूर्ख, बेवकूफ़। आपने मुझे औरत बना दिया। अब मैं पत्नी हूँ, माँ भी, तोता नहीं, बिल्ली नहीं। चिड़िया भी नहीं। मुझमें भी कुछ समझ है। यह मानकर, समझकर क्यों नहीं बताते आप, क्यों ऐसा खेल खेल रहे हैं? सुबह से शाम तक आप क्यों गिरगिट के समान रंग बदलते रहते हैं? ज़रा-सा बता तो दीजिए, पूरी तरह हर एक बात बताने की ज़रूरत नहीं है। मगर मुझे इतना तो पता हो कि इसका कोई कारण है। मैं सब सहन कर लूँगी। पर इस तरह से तो ऐसा लगता है कि सिर के फटकर दो टुकड़े हो जाएँगे।

(वह कुछ कहने के लिए मुँह खोलता है)

समझ गयी! आप यह कह रहे हैं कि 'क्यों' यह मत पूछना।

नागप्पा : **(विषाद से हँसकर)** मैं फिर से यह कहने नहीं जा रहा हूँ।

रानी : मेरा गर्भिणी होना ही ग़लत हो गया। मैं बाँझ रहती। मेरा गर्भ भी बंजर होना था। सारा जीवन इसी तरह बिताया जाता कि यह सपना है या सत्य? पर यह सपना नहीं। सपने तो केवल सिर में घूमते रहते हैं। पर इसने तो मेरे पेट में गहराई तक जड़ जमा ली है।

(एकदम)

मैं क्या करूँ? गर्भपात कर डालूँ?

नागप्पा : धत्, क्या कहती हो!

रानी : रसोईघर में कोई तेज़ चीज़ मिल जाती! पर चाकू, चिमटा तक नहीं। अन्धी माँ से ही पूछा जा सकता है...नहीं, वह भी सम्भव नहीं। पाँच महीने का गर्भ है। उसे गिरा दूँ तो पता लग ही जाएगा। रहस्य रखना सम्भव नहीं है। ग़लती हो गयी। मुझे क्षमा कर दीजिए। पर अब मैं क्या करूँ? रखूँ या गिरा दूँ, बात एक ही है। रहस्य खुल ही जाएगा।

(परेशान होकर इधर-उधर घूमती है।)

नागप्पा : रानी, रात गुज़रने को है। अब मुझे जाना है।

रानी : **(एकदम सचेत होकर)** जी?

नागप्पा : रानी, अब मुझे जाना है।

रानी : (**धीरे से**) जाइए।

(नागप्पा जाने के लिए क़दम रखता है। दोनों चुपचाप खड़े हो जाते हैं। तुरन्त प्रकाश योजना बदलती है। खड़े-खड़े नागप्पा अप्पण्णा बन जाता है। रानी को ज़मीन पर पटक देता है।)

अप्पण्णा : 'हाँ', कहने में शरम नहीं आती...रण्डी कहीं की ! बाहर से ताला बन्द रखने पर भी यार ढूँढ़ रखा है। बता, कौन मिल गया तुझे ? किस हरामज़ादे के पास जाती थी, साड़ी खोलकर ?

रानी : आपकी क़सम। मैंने कोई ग़लती नहीं की।

अप्पण्णा : कुछ किये बिना ही गर्भ ठहर जाता है क्या? ऐसे छोड़ूँगा नहीं तुझे। सारे गाँव के सामने मेरी इज़्ज़त उतारेगी? मेरा मुँह काला कराएगी, हरामी!

(मारता है। बाहर नाग परेशान होकर चक्कर काटता है। उस ओर दोनों का ध्यान नहीं।)

इस हरामी पिण्ड को बाहर नहीं निकलवाया...इस हरामी गर्भ पर पत्थर नहीं डाला तो मैं अपने बाप का बेटा ही नहीं।

(उसे सड़क पर खींचता है। उसे ज़मीन पर पटककर पत्थर उठाकर उस पर फेंकने जाता है। उसी समय नागराज फुँफकारता हुआ उस पर चढ़ आता है। यह देखकर रानी चीख़ती है।)

रानी : नाग...नाग...राज !

(अप्पण्णा उठाये पत्थर को साँप पर फेंकता है। वह पीछे हट जाता है। पेड़ के पीछे अदृश्य हो जाता है। अप्पण्णा का ध्यान हटा देखकर रानी घर के भीतर भागती है। दरवाज़ा खटखटाता है। वह ज़मीन पर गिरकर रोने लगती है।)

दरवाज़ा खोल ! खोल दरवाज़ा ! खोलेगी कि नहीं? ठीक है, दिखा ही देता हूँ। गाँव के पंचों को बुलाता हूँ। सारे गाँव के सामने इस गर्भ को खौलते तेल में नहीं डाला तो मेरा नाम अप्पण्णा नहीं।

(गालियाँ बकता हुआ चला जाता है। प्रकाश योजना बदलती है। रात! वह ज़मीन पर वहीं पड़ी-पड़ी रो रही है। नागप्पा आता है। बैठता है।)

रानी : मेरी इज़्ज़त क्यों उतार रहे हैं? इतने दिन मुझे घर में छिपाकर रखा। अब सड़क पर धकेलकर सारे गाँववालों के सामने मुझे नंगा कर रहे हैं? क्यों? इससे तो मार क्यों नहीं डालते? मैं खुद मर जाती।

(कोई एक पागलपन बात दिमाग़ में आने से ग़ुसलखाने में भागकर जाती है। वह भी ख़ाली है। सिर पकड़कर)

हाय राम! आप कहाँ हैं जी? कहाँ हैं?

(रोने लगती है।)

(लोगों का शोरगुल। चारों तरफ़ से लोग रंगमंच की ओर घुस आते हैं। अलग-अलग टोलियों में बातें करते हैं। गाँव के बुज़ुर्ग भी आते हैं। चौपाल में बैठते हैं। पंचायत शुरू होती है। बुज़ुर्ग-2 के 'ज़रा शान्त हो जाइए' कहने पर सब चुप हो जाते हैं।)

बुज़ुर्ग-1 : रानी, हमने जितना भी कहा, तुम कुछ भी सुनने को तैयार नहीं हो। और कोई रास्ता न सूझने से हमें यहाँ आना पड़ा।

बुज़ुर्ग-2 : यह गाँव के लिए शोभा नहीं देता कि पति अपनी पत्नी के मुँह पर कालिख पोते। पर अप्पण्णा कहता है कि जब से उसने शादी की तब से वह अपनी पत्नी के साथ नहीं सोया। तब भी वह गर्भिणी है। यह गर्भ हराम का है।

बुज़ुर्ग-3 : हमारे गाँव में पहले से चली आयी पद्धति के अनुसार इसे गर्म लोहा हाथ में लेकर क़सम खानी पड़ेगी। अथवा उबलते तेल में हाथ रखना पड़ेगा। पर तुम नाग के दिव्य करने पर हठ कर रही हो ?

बुज़ुर्ग-1 : यह ख़बर फैलते ही जहाँ दस इकट्ठे होते थे, वहाँ सौ लोग आये हैं। गाँव का न्याय बाज़ार का विषय बन गया है। ऐसी बात गाँव के लिए अच्छी नहीं है। न्याय की दृष्टि से भी ठीक नहीं।

बुज़ुर्ग-3 : बेटी, अब तो हमारी बात सुनो। अगर वह नाग तुम्हें काटेगा तो तेरे प्राणों के लिए ही ख़तरा नहीं, बल्कि तेरे पेट के गर्भ के लिए भी ख़तरा है। और हमें भी भ्रूण-हत्या का पाप...

बुज़ुर्ग-2 : तेरी अकेली के हठ के लिए सारे गाँव और बुज़ुर्गों पर पाप लगाना ठीक नहीं। और एक बार सोच ले। हमारी बात मान, अपनी हठ छोड़ दे।

बुज़ुर्ग-1 : गर्म लोहा हाथ में लेकर दिव्य कर लो, हमारे लिए वही पर्याप्त है। हम और कुछ पूछेंगे नहीं।

रानी : मैं छोटी हूँ, नासमझ हूँ, बुज़ुर्ग क्षमा करें। मैं नाग का ही दिव्य करूँगी।

(बुज़ुर्गों में चर्चा, लोगों का शोर)

बुज़ुर्ग-1 : ठीक, वैसा ही सही।

(रानी बाँबी के पास जाती है। लोग आगे बढ़ते हैं। बाँबी से नाग बाहर आता है और फन फैलाये खड़ा हो जाता है। उसे देखकर लोग डर के मारे पीछे हट जाते हैं। रानी भी डरकर पीछे हटती है। नाग चारों ओर देखकर बाँबी में चला जाता है।)

बुज़ुर्ग-2 : जा बेटी, जा। उस नागराज को पकड़ और क़सम खा।

रानी : मुझे...मुझे डर लगता है। मैं क्या करूँ? हाय मेरे बापू, हाय मेरी माँ! **(अप्पण्णा की ओर देखकर)** मुझे डर लगता है। मुझे बचा लीजिए।

अप्पण्णा : चल ! रण्डी कहीं की। दो जमाऊँ...

बुज़ुर्ग-3 : अप्पण्णा, गालियाँ न दो। उसने ग़लती की होगी। पर वह अब भी छोटी है। नागराज को देखकर हम सब काँप उठे हैं। अगर वह डरती है तो आश्चर्य क्या है?

बुज़ुर्ग-1 : बेटी, यदि तुझसे नहीं होता है तो छोड़ दे। हमें इस नाग का दिव्य नहीं चाहिए। अपनी ग़लती मान ले। हम लोग सोच-विचारकर तुझे सही दण्ड देंगे।

रानी : **(असहाय होकर)** पर मैंने कोई ग़लती नहीं की है। जिस अपराध को मैंने नहीं किया, उसे कैसे मान लूँ! किसलिए मान लूँ?

बुज़ुर्ग-2 : **(गुस्से में)** सुन, लड़की! तू अब भी छोटी है, अनजान है, सोचकर अब तक हम तेरी बात मानते आये। अब नहीं होगा। ग़लती मान ले नहीं तो दिव्य कर।

(रानी बाँबी की ओर देखती है।)

बुज़ुर्ग-3 : अगर यह दिव्य नहीं चाहिए तो दूसरा कोई दिव्य कर लो।

(रानी लाचार होकर बाँबी को ही देखती है। बाद में धीरे से)

रानी : ठीक है। मैं गर्म लोहा पकड़कर क़सम खाती हूँ।

(जनता में निराशा। बुज़ुर्गों में ख़ुशी)

बुज़ुर्ग-1 : हाँ, यह ठीक है, बेटी। हम भला इतनी देर से और क्या कह रहे थे।

अप्पण्णा : **(चीख़कर)** यह कैसा खेल! यह मायाविनी है।

बुज़ुर्ग-2 : भगवान बचाए। भ्रूण-हत्या के पास से बचे।

बुज़ुर्ग-3 : जल्दी से लोहे की सलाख़ गरम करो।

(उस धका-पेल में अन्धी माँ बेटे को पुकारती आती है।)

अन्धी माँ : कप्पण्णा बेटे! कहाँ है तू, कप्पण्णा...

(वह वहाँ से जाने को होती है। रानी उसके पीछे भागती है। अप्पण्णा उसे पकड़ लेता है।)

रानी : माँजी, माँजी...

अप्पण्णा : कहाँ चली उस भिखमंगिन बुढ़िया के पीछे?

रानी : मुझे छोड़िए। मुझे अन्धी माँ से बात करनी है।

बुज़ुर्ग-1 : बेटी, उसका दिमाग़ चला गया है। अपने बेटे का नाम ले-लेकर भटकती फिरती है।

बुज़ुर्ग-2 : बेटे को खोये आठ दिन हो गये हैं; तब से वह पागल हो गयी है।

बुज़ुर्ग-3 : उससे सारे गाँव के लोगों ने बार-बार कहा कि वह गाँव में नहीं है पर यह सुनने को ही तैयार नहीं।

अन्धी माँ : **(पुकारकर)** कप्पण्णा, कप्पण्णा!

रानी : **(खीझकर अप्पण्णा से)** मेरा हाथ छोड़ते हैं या नहीं? हाथ छोड़ दो तो ठीक, नहीं तो...

बुज़ुर्ग-3 : छोड़ दो अप्पण्णा, वैसे भी सलाख़ लाल होने को वक़्त तो चाहिए।

(बुज़ुर्ग की आज्ञा की अपेक्षा रानी के गुस्से से चकित होकर अप्पण्णा रानी का हाथ छोड़ देता है। रानी वहाँ से भागकर अन्धी माँ को रोकती है।)

अन्धी माँ : तूने मेरे बेटे कप्पण्णा को देखा?

रानी : मैं रानी हूँ। अब मैं क्या करूँ, माँजी! क्या करूँ ?

अन्धी माँ : कप्पण्णा आया है क्या यहाँ?

रानी : आपने मुझे पहचाना नहीं?

अन्धी माँ : वह अँधेरे में घुल गया।

रानी : माँजी, यह बताओ। मेरी ऐसी हालत क्यों हुई? क्यों?

अन्धी माँ : आधी रात को एकदम नींद खुली। कप्पणा ज़ोर से साँस ले रहा था। कम्बल पर सोया नहीं था। पास ही खड़ा था। एकदम तनकर खड़ा था। मानो भूत लग गया हो। मैंने आवाज़ दी। हाथ से खींचकर पूछा। उसने 'हाँ, हूँ' भी नहीं कहा। हिला भी नहीं। एकदम... एकदम मुझे पता चल गया कि घर में हम केवल दो नहीं और भी कोई है।

रानी : **(यन्त्रवत्)** कौन?

अन्धी माँ : **(दुःखी होकर)** यदि मेरी आँखें होतीं तो जो उसे दिखाई दी, मुझे भी दिखाई दे सकती थी। तब यह पता चल सकता था कि वह कौन है। इन फूटी आँखों से भला क्या दीखता? जब वह कहता था तब उसकी बात मानी नहीं। बहरी हो गयी थी। बेटी, वह कौन थी? किन्नरी होगी। नागलोक की मायाविनी होगी। नहीं, दीये की जलजा

होगी। जो भी हो, इस लोक की स्त्री नहीं थी। भला आधी रात को कौन हमारे घर आता? बिना साँस लिये खड़ी थी। मैंने चीख़कर पूछा—तुम कौन हो? ऐसे क्यों मेरे बेटे के पीछे पड़ी हो? धप से दरवाज़ा खुला। घर में आँधी ऐसी घुसी कि घर के शहतीर तक हिल गये। कप्पण्णा मेरे हाथ से छूटकर चला गया। मैं कप्पण्णा, कप्पण्णा करती उसके पीछे-पीछे गयी। वह घुल गया था। मेरा कप्पण्णा चला गया। तब जो गया सो आया ही नहीं। मैंने अपना बेटा ख़ुद खो दिया। अपनी ग़लती से खोया।

बुज़ुर्ग-1 : रानी...

अन्धी माँ : तब से उसका नाम पुकारती भटक रही हूँ। सारे गाँव के लोग कहते हैं कि कप्पण्णा गाँव में नहीं है। वे कहते हैं मैं पागल हो गयी हूँ। री लड़की! मैं यह जानती हूँ कि वह लौटेगा नहीं। पर क्या करूँ? घर में अकेली कैसे बैठूँ? बैठकर भी क्या करूँ? करने के लिए भी कुछ चाहिए न, इसीलिए उसका नाम ले-लेकर गली-गली भटक रही हूँ। कम-से-कम उसका नाम तो ज़ुबान पर रहता है न !

बुज़ुर्ग-2 : रानी...

अन्धी माँ : **(एकदम खड़ी होकर)** अब मुझे जाना है। अब बेटे को ढूँढ़ना है। अरे मैं यों ही समय बरबाद कर रही हूँ। क्या कहना चाहिए मेरी इस मूर्खता को? कप्पण्णा बेटे, तू कहाँ है? मैं तेरी माँ हूँ। मुझे तंग न कर। मेरी जान न खा, कप्पण्णा!

(पुकारती हुई चली जाती है। रानी उसी को देखती है। बाद में लोगों के बीच खड़ी कहानी से)

रानी : **(कहानी से)** बताओ, माँजी की हालत ऐसी क्यों हो गयी? वह जन्मान्ध है। यह उसकी ग़लती नहीं है। इस प्रकार पाताल की गहराई से, यक्षिणी के कुएँ के पेट से, कहीं-न-कहीं से इच्छाएँ हमारे कम्बल तक फैल जाएँ, किसी लोक की इच्छाएँ इस प्रकार अँधेरे में घुस आएँ तो आँखों में दृष्टि रहने से भी क्या लाभ?

(एकत्रित लोगों के ज़ोर-ज़ोर से बातें करने से रानी की आगे की बातें सुनाई नहीं देती हैं।)

बुज़ुर्ग-3 : चुप हो जाइए। शान्त हो जाइए।

(जनता चुप हो जाती है। रानी ने कहानी से जो बातें कहीं, उसके अन्तिम शब्द ही सुनाई देते हैं।)

रानी : इस प्रकार कहानी दिशाहीन होकर जिस तरफ़ चाहे उस तरफ़ चल

पड़े तो...उससे नागराज की बाँबी क्या ख़राब है। मृत्यु का चुम्बन क्या ख़राब है?

बुज़ुर्ग-2 : आ रानी, लोहे की सलाख़ तैयार है। आ।

रानी : नहीं, मैं नागराज का दिव्य ही करूँगी।

(जाकर बाँबी में हाथ डालकर नाग को बाहर निकालती है। लोगों का शोर बढ़कर शान्त हो जाता है।)

बुज़ुर्ग-1 : जल्दी से क़सम खा।

रानी : विवाह करके यहाँ आने के बाद मैंने इन हाथों से आज तक केवल दो को ही छुआ है।

अप्पण्णा : **(चीख़कर)** आप लोगों ने सुना? वही मान रही है दो। दो कौन?

रानी : मेरा पति...

अप्पण्णा : अच्छा...और दूसरा कौन?

रानी : यह 'नागराज'। **(यह शब्द उसके मुँह से निकलते ही)** मेरा पति और यह नागराज—इन दो के अलावा मैंने किसी और को छुआ तक नहीं। किसी भी पुरुष को मैंने अपना शरीर छूने नहीं दिया। यह झूठ हो तो यह नागराज मुझे डस ले। और मैं यहीं मर जाऊँ।

(नाग एकदम सौम्य होकर उसके कन्धे पर रेंगने लगता है। उसके गले से होकर उसके सिर पर फन खोलकर ऐसे खड़ा हो जाता है जैसे शिव के सिर पर नागराज खड़ा होता है। वहीं झूमने लगता है। लोग अचरज में पड़ जाते हैं। नाग बाँबी में चला जाता है। लोगों में कोलाहल।)

बुज़ुर्ग-1 : करिश्मा, करिश्मा, चमत्कार, चमत्कार!

बुज़ुर्ग-2 : हाय राम, तुम तो सामान्य स्त्री नहीं हो ! देवी हो !

बुज़ुर्ग-3 : अत्यन्त साहसी, पतिव्रता।

(तीनों रानी के पाँव पड़ते हैं। सब आगे घुस-घुसकर उसके पाँव छूते हैं। अप्पण्णा हैरान खड़ा है, बुज़ुर्ग 'ढोल, पालकी लाओ।' कहकर रानी को उठाकर पालकी में चढ़ाते हैं, बाद में अप्पण्णा को भी उसमें बिठाते हैं। आनन्द-विभोर होकर उन्हें उनके घर ले जाते हैं। दरवाज़े के पास उतारते हैं।)

बुज़ुर्ग-1 : अप्पण्णा, तुम्हारी पत्नी पूरी तरह देवी का अवतार है। यह सोचकर चिन्तित न होना कि ऐसी देवी पर दोष लगाया। ऐसी महादेवी का चमत्कार दुनिया को पता चले, सोचकर ही भगवान ने तुम्हारे मुँह से वह बात कहलायी। तुम तो पुण्यात्मा हो।

बुज़ुर्ग-2 : अब उसकी सेवा में अपना जीवन अर्पित कर दो। ऐसा पुण्य यों ही नहीं मिल जाता। पूर्वजन्म का पुण्य है।

बुज़ुर्ग-3 : माँ, तुम अपने पातिव्रत्य के बल से इस गाँव की रक्षा करो। इस गाँव के बच्चों का कवच बनो।

(रानी के पाँव छूकर जाते हैं। घर के दरवाज़े पर रानी और अप्पण्णा रह जाते हैं। अप्पण्णा दरवाज़ा खोलता है। ताले को दूर फेंकता है। चुपचाप भीतर जाकर बैठ जाता है। रानी उसके पीछे-पीछे जाती है। उसके पास खड़ी होती है। दीर्घ मौन। वह एकदम उसके पाँव पड़ता है। वह रोकती है। उठाकर बैठाती है।)

रानी : हाय राम, यह क्या?

अप्पण्णा : मुझे क्षमा करो, मैं अन्धा हूँ। महापापी, चाण्डाल...

रानी : आप ऐसा मत कहिए। आप मेरे भगवान हैं। मेरा सौभाग्य हैं।

(उसे अपनी बाँहों में खींचकर छोटे बच्चे की तरह सान्त्वना देती है। दोनों उसी दशा में काफ़ी देर तक रहते हैं।)

कहानी : ठीक समय रानी को एक बेटा हुआ। वह बेटे और पति के साथ सुख से जीवन बिताने लगी।

(कहानी सुनती बैठी ज्योतियाँ शोर मचाती हुई उठती हैं और जाने को तैयार होती हैं।)

मनुष्य : **(चिढ़कर)** अरे रे, यह कैसा शोर! इतनी देर तक सब चुपचाप बैठी थीं। और कुछ देर वैसे ही बैठ नहीं सकतीं?

ज्योतियाँ : क्यों, ख़तम हो गयी न कहानी, पौ फटने लगी। अब हमें जाना होगा। हमारे घर में प्रकाश होने से पहले उठ जाते हैं। पक्षियों का कलरव सुनाई नहीं दिया?

कहानी : क्यों? कहानी सुनकर तसल्ली नहीं हुई?

मनुष्य : हुई। पर इसका यहीं समाप्त होना लोग कभी पसन्द नहीं करेंगे।

कहानी : क्यों?

मनुष्य : कप्पण्णा का क्या हुआ? वह...

कहानी : वह अन्धी माँ की कहानी है। उसमें ज़्यादा रुचि हो तो ढूँढ़ने जाने पर कहीं-न-कहीं अकस्मात् भेंट हो सकती है। जैसे मेरी यहाँ आप से भेंट हुई, किसी जंगल में, पेड़ पर, हाट में, अथवा इन प्रेक्षकों में किसी-न-किसी को मालूम होगा। अथवा आप ही उस कहानी को

पूरा कर सकते हैं। मुझे इस पर कोई एतराज़ नहीं। मैं तो रानी की कहानी...

मनुष्य : यहाँ भी वही बात है। रानी ने तो सुख-सन्तोष से जीवन बिताया होगा। पर अप्पण्णा? अगर मैं अप्पण्णा होता...

(अप्पण्णा धीरे से रानी के आलिंगन से अपने को छुड़ाकर दूर हो जाता है। अपने आप से बातें करता है)

अप्पण्णा : मैंने इसे छुआ तक नहीं, यह मुझे मालूम है। ऐसी स्थिति में मेरी पत्नी गर्भिणी हुई। भला यह पतिव्रता कैसे? चाहे तो नागराज ही न्याय करें! चाहे जैसा करिश्मा क्यों न करें? मुझे मालूम है। जो बात मैं अच्छी तरह जानता हूँ, उसी की क़ीमत न हो तो भला मुझे सुख कहाँ से मिलेगा? सन्तोष कहाँ? किस विश्वास से जीऊँ? क्यों जीवित रहूँ?

कहानी : तो उसकी परिस्थिति कैसी रही होगी?

(रानी बोलती नहीं। पर जगह से उठती है। ऐसे सन्देह की दृष्टि से अप्पण्णा को देखती है मानो समझ में न आया हो।)

एक पुरुष दूसरे पुरुष के समान प्यार नहीं करता। प्रत्येक के प्रेम का ढंग अलग-अलग होता है। उसकी पकड़ अलग होती है। उसका कसाव अलग होता है। "दिन का सुख और होता है। रात का स्पर्श अलग होता है।" पहले से ही वह रोती थी। जब एकदम रात का ढंग ही बदल जाए तो कैसी घबराहट होती है। कौन-कौन-कौन, प्रत्येक रात यह प्रश्न अपना फन नहीं उठाता? शरीर तड़प नहीं उठा होगा?

मनुष्य : तो इसका मतलब यह हुआ कि कहानी अभी ख़तम नहीं हुई।

(कहानी यह सम्भाषण जारी रखती है। रानी-अप्पण्णा एक-दूसरे की ओर देखकर हँसते हैं। बिस्तर पर बैठकर आलिंगन में बद्ध हो जाते हैं। धीरे-धीरे अँधेरा होता है।)

कहानी : इस दुनिया में गृहस्थी के माने यही होता है कि पति-पत्नी ऐसे सारे सिरदर्दों को सिरहाने रखकर उस पर सिर टिकाकर सो जाते हैं। उन सबको स्वीकार करने के सिवा कोई चारा नहीं। खर्राटे लेने वाले पति के समान, सिर के सारे बाल झड़ जाने से गंजी हो जाने वाली पत्नी के समान। वहाँ भी कहानी हो सकती है। पर वह यहाँ की जैसी नहीं।

मनुष्य : फिर भी यह अधूरी लगती है। **(याद करके)** हाँ तो वह नाग।

कहानी : **(हँसकर)** हाँ, नाग।

(कहानी अपनी बात जारी रखती है। नाग बाँबी से बाहर आकर गुसलखाने की मोरी से घर के भीतर आता है। अप्पण्णा का रूप धारण करता है।)

एक दिन नाग बाँबी में बैठा था। उसके मन में आया, बहुत समय बीत गया। पता नहीं रानी कैसी होगी। क्यों न एक बार जाकर देखूँ?

नागप्पा : **(हँसते हुए)** क्यों न एक बार जाकर देखूँ। वह सुख-सन्तोष से होगी। मैंने उसे सब जुटाकर दिया है। पर मैंने उसको सुख से गृहस्थी चलाते नहीं देखा। देखकर खुश होने का मौक़ा भी नहीं मिला। **(इधर-उधर देखकर)** वही पुराना रास्ता, वही पुराना पहरा। आज याद करता हूँ तो विश्वास नहीं आता कि उसने मुझे कैसा पागल बना दिया था। इस पर भी विश्वास करना मुश्किल हो गया है।

(रानी के सोने के कमरे में जाता है। वह पति की भुजा पर सिर टिकाये सोयी है। उसकी लम्बी केशराशि फैली है। पास ही बच्चा लेटा है। उसके मुँह पर सुखद थकावट भरी मन्द मुस्कराहट है। एक प्रकार की तृप्ति है। नागप्पा उन तीनों को देखता है। एकदम बिजली के समान उछलकर गिरता है। दुःखी होकर मुँह छिपा लेता है।)

नागप्पा : रानी! मेरी रानी! मेरी आधी रात की सुगन्धि, स्वप्न सुन्दरी! दूसरे की बगल में? यह इस पुरुष को इसी प्रकार आलिंगनबद्ध करती होगी। रोज़ उसके होंठ काटती होगी। बाँहों में नाख़ून गड़ाती होगी। और मैं खिसककर गिरी कैचुली ! काँटों की नोक से अटकी कैचुली! नहीं, यह मैं सह नहीं सकता। इस परिस्थिति का इस प्रकार रहने देना सम्भव नहीं है। हममें से किसी एक को मरना होगा। किसी एक को। इसे मैंने ही यह सब दिया। मुझे इसे छीन लेने का अधिकार है। क्यों न इसके स्तनों पर अपने दाँत गाड़कर इसको यहीं मार डालूँ! इसे क्यों न मैं सदा के लिए अपनी बना लूँ ! अपनी! अपनी!

(उस पर चढ़ जाता है। पास जाकर वहीं बड़बड़ाता है)

नहीं! यह नहीं हो सकता। मेरे प्रिय होंठ सिल गये हैं। मेरे दाँत निकालकर फेंक दिये गये हैं। विष की थैली निकाल दी गयी है।

(छिपकली बोलती है।)

तू चुप कर, छिपकली! एक ज़माने में तू मुझे देखकर जलती थी। अब हँस मत। मज़ाक़ न कर। दीये की ज्योतियो! अपने प्रकाश के आँचलों को खींचकर मेरी शरम को अँधेरे में लोप कर दो। इस नाग में और दूसरे नाग में कोई अन्तर नहीं बचा है। हाँ, अन्त में वैसा ही हूँ। जानवर। कीड़ा। रानी के अंगांग मनुष्य के लिए हैं। मूर्ख, शतमूर्ख हूँ। अपनी चमड़ी ही जब अच्छी न लगे, उसे उतार फेंकने वाली जाति है तेरी। इस मनुष्य के सौन्दर्य को अपने शरीर में चिपकाकर जीने की इच्छा क्यों तुझे? उसका रूप, उसका सौन्दर्य...तेरे लिए नहीं। तुझे...केवल...

(उसके पास जाकर उसके बालों को हाथों में लेकर शरीर पर सटाते हुए)

केवल उसके लम्बे-लम्बे बाल! तू नागकन्या के समान बालों को छू। तेरे विलास के लिए यही बहुत है। अन्तिम बार मैं अपनी मन्त्रशक्ति का प्रयोग करूँगा। मैं अब इन बालों से हल्का बनकर, उसके बालों से भी पतला होकर, और भी महीन बनकर उसके बालों में छिप जाता हूँ—

(रंगमंच पर अँधेरा। केवल उसी पर प्रकाश। उसमें बाल खींचने की तरह लच्छे की छाया। उसमें मानो रेंगता-सा है। जैसे नाच रहा हो। उसके शरीर से चिपक गया हो।)

इन बालों में ही चक्कर काट। आँख-मिचौनी का खेल खेल; तैर, उछल-कूद, उड़ ले। उसके लम्बे जूड़े को प्यार कर। बालों में संवेदना नहीं होती। उसके सपने में भी उसकी आवाज़ नहीं होगी। पर तेरे जैसे जन्तु के लिए यही बहुत है।

(नागप्पा बालों को गले में लगाकर ऐसा नाटक करता है मानो फन्दा लगा लिया है। मंच पर पूरा अँधेरा। दीर्घ मौन। बाद में दूर...अन्धी माँ की ध्वनि।)

अन्धी माँ की ध्वनि : **(दूर से)** बेटा, मेरे मुन्ने!

(मंच पर प्रकाश। रानी और अप्पण्णा सोये हैं।)

अन्धी माँ की ध्वनि : कप्पण्णा!

अप्पण्णा : **(झट से उठकर)** आँ!

रानी : **(जागकर)** क्या हुआ?

अप्पण्णा : कोई पुकार रहा है।

अन्धी माँ की ध्वनि : कप्पण्णा! मेरे बेटे! कहाँ है तू? आ, आ जा बेटा!

रानी : हाय, बेचारी अन्धी माँ!

अप्पण्णा : नींद में मुझे ऐसा लगा मानो मेरी माँ ही बुला रही है।

रानी : बेचारी...

(उठकर बैठने का प्रयत्न करती है। एकदम दोनों हाथों से अपना सिर थामकर कराहती है।)

अप्पण्णा : **(घबराकर)** क्या हुआ?

रानी : पता नहीं, सिर बड़ा भारी लग रहा है। जैसे एक मन भार रखा हो। ज़रा कंघी दीजिए। बाल झाड़ लूँगी।

(अप्पण्णा कंघी देता है। वह कंघी करने का यत्न करती है। कंघी बालों में फँस जाती है।)

आप ज़रा मेरे बालों में कंघी कर देंगे?

अप्पण्णा : किये देता हूँ।

(वह उसकी कंघी करता है। ज़ोर लगाकर कंघी बालों से खींचता है। नाग का शव बालों से नीचे गिरता। इस शव को अभिनय से ही दिखाना चाहिए।)

अप्पण्णा : **(चीख़कर)** नाग! छोटा-सा नाग! पास नहीं जाना।

(दोनों घबराकर दूर से ही देखते हैं।)

रानी : बेचारा...मर गया है...

अप्पण्णा : **(नाग के शव की परीक्षा करके)** देखो, तुम्हारे बालों में फँसकर यह नाग मर गया। तुम्हारे बालों ने हमें बचा लिया, रानी, बाप रे! देखा तुम्हारे अपने पातिव्रत्य का प्रभाव ! तुम्हारे बालों की महिमा...

रानी : हमारी बात छोड़िए। इस नाग ने हमारे बच्चे के प्राण बचाये, यह मुख्य बात है। यह ऋण हम कभी चुका नहीं पाएँगे। यह ऐसा ऋण है जिसे हमारे बेटे को भूलना नहीं चाहिए। जीवनदान का ऋण पितृऋण के समान है। मेरी एक बात मानेंगे?

अप्पण्णा : बताओ, रानी!

रानी : नागराज है। उसका अग्नि-संस्कार होना ही चाहिए। हमारे बेटे को ही वह अग्नि-संस्कार करना चाहिए।

अप्पण्णा : ओह, इतना ही है न ! इसमें क्या हर्ज है।

रानी : इसके अलावा, प्रत्येक वर्ष आज के दिन, हमारा बेटा इस नागराज

की याद में पिण्डदान करेगा।

अप्पण्णा : **(हैरान होकर)** पिण्डदान! मेरे जीवित रहते? इस नाग के लिए? यह कैसा पागलपन?

रानी : मुझे कुछ भी मालूम नहीं। पर आप मना नहीं कीजिए !

अप्पण्णा : **(हँसकर)** जैसी तुम्हारी इच्छा। मैं अभी जाकर नागराज के संस्कार का प्रबन्ध करता हूँ। तुम जगमाता हो, तुम्हारी बात का विरोध मैं भला कैसे कर सकता हूँ!

(चला जाता है। रानी नागराज के शव को निहारती बैठी है। उसके आँसू निकल आते हैं। झुककर नमस्कार करती है। फिर धीरे से अपनी अंजली में भरकर गाल से लगा लेती है।)

(ऊपरवाला दृश्य चलते समय कहानी के पात्र अदृश्य हो जाते हैं।)

ज्योतियाँ : समाप्त हो गयी? अरे रे कितनी बढ़िया थी यह कहानी !

मनुष्य : **(मन्दिर से बाहर देखते हुए)** अभी प्रकाश का कोई आसार ही नहीं।

(ज्योतियाँ उसके पास आती हैं।)

ज्योति-4 : यह...ऐसा क्यों हुआ?

मनुष्य : क्या?

ज्योति-2 : क्या कहानी ऐसे ख़तम होनी चाहिए?

मनुष्य : क्यों? पसन्द नहीं आयी?

ज्योति-2 : पसन्द तो आयी। पर अन्त में यह कैसा झमेला?

ज्योति-4 : मृत्यु...आँसू...

ज्योति-1 : रोज़ घर में यही तो देखते हैं। यहाँ भी वही बात।

मनुष्य : अन्त में जिससे कोई भी बच नहीं सकता वही...यानी मृत्यु।

ज्योति-4 : **(चिढ़कर)** तो आप खुद क्यों इस तरह बचकर भागने का प्रयत्न कर रहे हैं ?

मनुष्य : **(निरुत्तर)**

ज्योति-2 : अँधेरे में मिला जाना ही अगर हमारा भाग्य था तो इतनी दूर तक आने की क्या ज़रूरत थी ? घर में ही समाप्त हो सकता था।

मनुष्य : **(असहाय-सा)** मैं भी भला क्या कर सकता हूँ,-कहानी ही ऐसी थी।

ज्योतियाँ : **(चिढ़कर)** तो तुम्हारे होने का क्या लाभ? अपने को बड़ा नाटककार समझते हो। जल्दी से कुछ-न-कुछ सोचकर कहना चाहिए। हो तो कहो। हमारा भी जाने का समय हो गया। तो क्या तुम इतना भी नहीं कर सकते?

मनुष्य : अच्छा, अच्छा। जितना हो सकता है करता हूँ।

(ज्योतियाँ अपने-अपने स्थान की ओर भागती हैं।)

(रानी, अप्पण्णा और बच्चा सोये हैं। रानी कराहकर 'हाय' कहकर उठ बैठती है। अपना सिर ज़ोर से थाम लेती है।)

अप्पण्णा : **(जागकर)** क्या हुआ रानी, क्या हुआ?

रानी : हाय रे ! मेरा सिर। ऐसा लग रहा है, बाल जड़ से खींचे जा रहे हों इतना दर्द हो रहा है। ज़रा कंघी कर देंगे।

(अप्पण्णा कंघी लेकर उसके बालों में कंघी करता है। ज़ोर से खींचकर कंघी करने पर ऐसा लगता है जैसे कुछ गिरता है। दोनों घबराकर पीछे हटते हैं।)

अप्पण्णा : अरे रे! नाग...नाग देखो नाग! कैसे छटपटा रहा है। तुम्हारे बालों में कैसे आ घुसा? भगवान की कृपा है काटा नहीं। रुको, मार ही डालता हूँ।

(दूर से बचकर निकलता है। रसोईघर, गुसलखाने में खोजता है। रानी नाग को ही देखती निश्चल बैठी रहती है।)

अप्पण्णा : वह कपड़े सुखानेवाली लाठी कहाँ चली गयी?

रानी : **(धीरे से, नाग से)** तुम, तुम यहाँ क्या कर रहे हो ? वे तुम्हें मार ही डालेंगे। जाओ, जल्दी से चले जाओ...इधर से नहीं उधर गुसलखाने में वे हैं। **(घबराकर)** अब क्या करें, अब क्या होगा? भला तुम क्यों आये? **(एकदम)** हाँ, मेरे बाल में, आ जल्दी से आ जा आकर मेरे बालों में समा जा।

(सिर झुकाकर बालों को धरती से छूने देती है।)

ज़रा जल्दी से। चढ़ गये न? धीरे से। हिलना-डुलना मत। बाल खींचना मत। तुम कितने भारी हो यह तुम जानते ही नहीं। मुझे भी थोड़ा आराम मिले न?

(लाठी लेकर अप्पण्णा के आने तक सिर सीधा करके बैठ जाती है। अप्पण्णा से–)

उधर ही गया न गुसलखाने की तरफ़।

(अप्पण्णा नाग को खोजता गुसलखाने की तरफ़ भागता है। रानी प्यार से बाल सहलाकर–)

यहीं रहो, मेरे बाल सुहाग की निशानी हैं। यहीं सदा सुख से रहो–

(बच्चा रोने लगता है। उसे गोद में उठाकर बालों से)

आराम से तो हो न? अब मुझे अपने बच्चे को दूध पिलाना है।

(बच्चे के मुँह में स्तन देती है। अप्पण्णा और रानी जहाँ के तहाँ चित्रलिखित से रह जाते हैं। ज्योतियाँ एक-एक करके चली जाती हैं।)

सुबह हो गयी है। उजाड़ मन्दिर में वह व्यक्ति अकेला बैठा है। गोपुर के झरोखे से प्रकाश मन्दिर में भर जाता है।

मनुष्य अपने को ऐसे छू-छू कर देखता है मानो यह निश्चय करना चाहता है कि वह जीवित है। बाद में उठकर दर्शकों को हँसाता हुआ नमस्कार करके चला जाता है।

□□□

परिशिष्ट

कन्नड़ नाटक और गिरीश कार्नाड

यह लेख तैयार करते समय मैंने मुख्य रूप से डॉ. श्रीरंग द्वारा सम्पादित (1) कन्नड़ रंगभूमि नड़ेदु बन्द दारि (कन्नड़ रंगमंच का विकास, कन्नड़ साहित्य परिषद, (2) कन्नड़ रंगमंच अन्दु इन्दु (तब और अब), कर्नाटक विश्वविद्यालय, (3) कन्नड़ नाटक परम्परे मत्तु प्रयोग, बेंगलूर विश्वविद्यालय, (4) कन्नड़ नाटक प्रपंच, कन्नड़ साहित्य परिषद, (5) बी. एम. श्रीकण्ठय्या : ए. एन. मूर्तिराव, साहित्य अकादमी, (6) टी. पी. कैलासम् : एल. एस. शेषगिरि राव, साहित्य अकादमी, (7) कन्नड़ नाटक—प्रो. शामराव तथा अन्य बहुत से लेखों से सहायता ली है। मैंने अब तक कन्नड़ से हिन्दी में 'श्रीरंग' के सात, कंबार के पाँच, गिरीश कार्नाड के तीन तथा 'कुवेंपु' के तीन नाटकों का अनुवाद किया है। इस सिलसिले में उक्त लेखकों और अन्य नाटककारों के नाटकों और कन्नड़ के बहुचर्चित नाटकों का अध्ययन किया परन्तु यह बात स्पष्ट है कि इस लेख में सूचित सभी नाटकों को आद्योपान्त पढ़ नहीं पाया। उनके बारे में उपर्युक्त पुस्तकें ही आधार हैं। दमा रोग ने अन्तिम साँस तक गिनवा दी वरना यह लेख और भी लम्बा और प्रामाणिक बनाना चाहता था। या यूँ कहना चाहिए कि—

कन्नड़ नाटक के उद्‌गम के बारे में काफ़ी कुछ लिखा गया है। उसका सार यह है कि कन्नड़ नाटक साहित्य का आरम्भ अनुवाद से ही हुआ है। सन् 1689 में चिक्कदेवराय के दरबारी कवि सिंगराचार्य ने संस्कृत के मूल नाटक से 'मित्रविन्दा गोविन्द' शीर्षक से एक नाटक का अनुवाद किया। यही कन्नड़ का प्रथम नाटक है। कन्नड़ का रंगमंच बहुत पुराना है परन्तु उसका आधुनिक रूप उन्नीसवीं शताब्दी के उत्तरार्ध से दीखने लगा। उसी समय एक पारसी नाटक कम्पनी कर्नाटक में भ्रमण के लिए आयी। उसने राजमहल में कुछ नाटकों का अभिनय किया। उससे मैसूर महाराजा और उनके दरबारी बड़े प्रभावित हुए। राजदरबार के विद्वान् बासप्पा शास्त्री ने कालिदास के 'शाकुन्तलम्' नाटक का अनुवाद प्रस्तुत किया। यह कन्नड़ में चम्पू शैली में यानी गद्य-पद्य मिश्रित शैली में लिखा गया नाटक है। इसका प्रभाव बहुत

दिन तक रहा। इसके बाद कन्नड़ में संस्कृत नाटकों की बाढ़-सी आ गयी। क़रीब-क़रीब समस्त संस्कृत नाटकों का अनुवाद धड़ाधड़ होने लगा। तब रंगमंच ने भी एक रूप धारण किया परन्तु रंगमंच और नाटक केवल विद्वत्समाज तक ही सीमित रहे। संस्कृत नाटकों के अनुवाद की देखादेखी अँग्रेज़ी नाटकों के अनुवाद भी प्रारम्भ हुए। कुछ विद्वानों ने भावानुवाद भी प्रस्तुत किये। ये अनुवाद और भावानुवाद आज भी चल रहे हैं। इससे कन्नड़ नाटक साहित्य की श्रीवृद्धि में कोई बाधा नहीं पड़ी।

बी. एम. श्रीकण्ठय्या (1884-1946) ने आधुनिक कन्नड़ नाटक की नींव रखी और उसके भविष्य की रूपरेखा खींची। वे अँग्रेज़ी तथा कन्नड़ के प्रोफ़ेसर थे। कन्नड़ में उनकी तुलना थोड़ी-बहुत रामचन्द्र शुक्ल के साथ की जा सकती है। उनके दो नाटक 'गदायुद्ध' (1925) व 'अश्वत्थामन्' (1929) अत्यन्त प्रसिद्ध हैं। इनसे बाद में आनेवाले त्रासदी लेखकों को मार्गदर्शन मिला। 'गदायुद्ध' नाटक दसवीं शताब्दी के कवि रन्न के 'साहस भीमविजय' पर आधारित है। इस पाँच अंकोंवाले नाटक का नायक भीम ही है। दुर्योधन में धीरोदात्त गुणों का अभाव है। पर उसमें भ्रातृप्रेम, मित्रता और औदार्य आदि गुण दिखाकर लेखक दर्शकों में उसके प्रति सहानुभूति उत्पन्न करने का प्रयास करता है। 'श्री' का दूसरा नाटक 'अश्वत्थामन्' है जो कन्नड़ साहित्य का एक अत्यन्त सफल नाटक माना जाता है।

शेक्सपियर के अनन्य भक्त 'श्री' ने अँग्रेज़ी नाटकों को आदर्श माना। शायद ग्रीक नायकों को उन्होंने भारतीय नायकों और संस्कृति के नज़दीक पाया होगा। यह सोफ़ोक्लीज़ के 'रोजाक्स' का पूरा अनुकरण है। महाभारत के सौप्तिक पर्व की कथा जिसमें रोजाक के समान अश्वत्थामा बुद्धिभ्रम के कारण पांचालों और उप-पाण्डवों की हत्या करता है और पश्चात्ताप की आग में सुलगता है। आज भी यह नाटक कन्नड़ के इतिहास में एक महत्त्वपूर्ण स्थान रखता है।

एक विशेष रूप से ध्यान देने योग्य बात यह है कि ज्ञानपीठ पुरस्कार से सम्मानित कन्नड़ के चारों लेखक यानी कुवेंपु, बेन्द्रे, कारन्त तथा मास्ति सभी ने सफल नाटक लिखे हैं, परन्तु कुवेंपु और बेन्द्रे कविता के और कारन्त तथा मास्ति उपन्यास के क्षेत्र में बेजोड़ माने जाते हैं।

कुवेंपु (1904) ने 13 नाटक लिखे। 'यमन सोलु' (यम की हार) नाटक में उन्होंने स्वयं अभिनय भी किया। 'रक्ताक्षि' हेमलेट का और 'बिरूगालि' (आँधी) टेम्पेस्ट का एडाप्टेशन है। अन्य नाटक 'वाल्मिकिय भाग्य' (वाल्मीकी का भाग्य) 'श्मशान कुरुक्षेत्र', 'शूद्र तपस्वी', 'बेरल्गे कोरल' (अँगूठे के बदले गर्दन), 'चन्द्रहास' आदि पौराणिक नाटक हैं। 'जलगार' (मेहतर) एक सामाजिक नाटक है। इसमें ऊँची और नीची जाति के भेदभाव के खोखलेपन का मज़ाक़ उड़ाया गया है। इसके अन्त

में शिव जलगार से कहते हैं कि तू धरती का जलगार है, मैं सारे संसार का जलगार हूँ। 'शूद्र तपस्वी' में राम अपनी ग़लती स्वीकार कर लेते हैं। 'बेरल्गे कोरल' में एकलव्य की माँ अपने पुत्र का कटा अँगूठा देखकर द्रोण को शाप देती है। 'इसी तरह तेरी गर्दन उड़ जाएगी।' इसी शाप के फलस्वरूप द्रोण की गर्दन महाभारत के युद्ध में कटकर धरती पर जा गिरती है। किंवदन्ती है कि एकलव्य कर्नाटक का था। अतः उसके चरित्र ने कइयों को प्रेरित किया। कैलासम् ने भी अँग्रेज़ी नाटक 'परपज़' में एकलव्य को ही नायक बनाया है। प्रसाद जी की भाँति 'कुवेंपु' ने भी रंगमंच को ध्यान में रखकर नाटक नहीं लिखे। बल्कि उनकी राय में भाषा तथा रूपकों की अभिव्यक्ति के योग्य निर्देशक और रंगमंच होने चाहिए।

द. रा. बेन्द्रे जनता के कवि थे। कबीर की भाँति ये भी शिष्यों से घिरे रहते थे। उनकी ज़बान तलवार की धार की भाँति चलती थी। वे सदा भावनाओं में खोये रहते थे। एन. के. कुलकर्णी के कथनानुसार, 1981 में उनके चौदह नाटकों का एक संकलन निकला है। उन्होंने अपने लेख में यह भी लिखा है : बेन्द्रे की लेखन-शक्ति, कल्पना, पात्र-सृष्टि का ढंग और सम्भाषणों के चमत्कार उन्हें (बेन्द्रे को) प्रतिभाशाली नाटककारों की पंक्ति में लाकर खड़ा कर देते हैं।

कारन्त के गद्य नाटक : श्रीरंग ने उक्त शीर्षक से शिवराम कारन्त के नाटकों के बारे में एक लेख लिखा है। उस लेख के कुछ प्रमुख अंश यहाँ प्रस्तुत हैं जिनसे नाटककार कारन्त का कुछ परिचय मिलता है। "गाँधीजी से प्रभावित कारन्त को राजनीतिक क्रान्ति की अपेक्षा सामाजिक क्रान्ति मुख्य लगी। उन्होंने अनुभव किया कि ऐसे विषयों को मनोरंजक ढंग से प्रस्तुत करने से लोगों पर अधिक प्रभाव पड़ता है। वे पुत्तूर में हर वर्ष नाटक खिलवाते थे। वे स्वयं एक सफल अभिनेता भी हैं। 'गर्भगुड़ि' और 'बित्तिद बेले' (बोयी फ़सल) इनके दो बड़े नाटक हैं। इनमें समाज की कुरीतियों की कटु टीका है। उनके कुछ गीति नाटक भी हैं। कारन्त ने समाज-सुधार का काम नाटकों द्वारा सफलतापूर्वक किया। उनके नाटक देखने के बाद कोई भी समझदार व्यक्ति समाज की गन्दगी को हटाने की ओर अवश्य ध्यान देगा।

मास्ति (श्रीनिवास) कन्नड़ कहानी के जनक हैं पर उन्होंने कन्नड़ नाटक साहित्य को भी समृद्धि प्रदान की। सुमतीन्द्र नाडिग ने अपने एक लेख में बताया है : "उनके कुल तेरह नाटक हैं। उनमें 'यशोधरा' और 'काकन कोटे' दो ही उल्लेखनीय हैं। यशोधरा एक पारम्परिक नाटक है। उसमें भगवान बुद्ध की पत्नी यशोधरा का मार्मिक चित्रण है। 'काकन कोटे' एक ऐतिहासिक नाटक है। उसमें शहरीकरण के कारण होने वाले अन्याय पर प्रकाश डाला गया है।" मास्ति जी ने शेक्सपियर के अधिकांश नाटकों का सफल अनुवाद किया है। परन्तु 'यशोधरा' और 'काकन कोटे'

के अतिरिक्त किसी भी नाटक ने रंगमंच का मुँह नहीं देखा। कहानीकार के रूप में मास्तिजी इतने जनप्रिय हो गये कि आलोचकों ने उनके नाटकों को केवल एक ऐतिहासिक महत्त्व प्रदान किया।

कैलासम् (1884-1946) : त्यागराज परमशिव कैलासम् कन्नड़ नाटक साहित्य के पितामह माने जाते हैं। वास्तव में उन्होंने आधुनिक कन्नड़ रंगमंच की नींव रखी और आभिजात्य वर्ग को नाटक की ओर आकर्षित किया। सात वर्ष तक (1908-1915) इंगलैण्ड में अध्ययन करके वे वहाँ के नाटककारों और रंगमंच से प्रभावित होकर भारत लौटे। केवल कुछ ही वर्ष सरकारी नौकरी करने के बाद उससे इस्तीफ़ा देकर रंगमंच के क्षेत्र से पूरी तरह जुड़ गये। वे स्वयं एक सफल अभिनेता थे। उन्होंने कन्नड़ में इक्कीस और अँग्रेज़ी में छह नाटक लिखे। उन्होंने अधिकांश नाटक डिक्टेट किये। परन्तु कभी सम्पादन के झमेले में नहीं पड़े। प्रकाशन-कार्य का भार उनकी मित्र-मण्डली पर था अन्यथा अधिकांश नाटक तो लुप्त ही हो जाते। उन्होंने सबसे पहले कन्नड़ नाटकों में बोलचाल की भाषा का प्रयोग किया। आभिजात्य वर्ग के लोगों की तरह की अँग्रेज़ी और कन्नड़ भाषा की खिचड़ी भाषा का प्रयोग उन्होंने ही अपनाया। अपने नाटकों में क्रान्तिकारी प्रयोग करने के बावजूद वे पात्र और कथावस्तु की परम्परा से दूर नहीं गये। 'बहिष्कार' और 'सूले' (वेश्या) में सांस्कृतिक क्रान्ति के स्वर हैं। 'होमरूल' में माँ और पत्नी से डरे हुए गृहस्थ की हास्यास्पद स्थिति का चित्रण है। 'टोल्लू गट्टी', 'बण्ड्वाल इल्लद बड़ाई' (झूठी शान), 'पोली किट्टी', 'अम्मावर गण्डा' (जोरू का गुलाम) उनके बहुत जनप्रिय नाटक हैं। अँग्रेज़ी में लिखे उनके अधिकांश नाटक महाभारत के कथानकों पर आधारित हैं। 'द पर्पज़' में एकलव्य की कहानी मौलिक और प्रभावशाली ढंग से प्रस्तुत की गयी है। हास्य, विनोद और व्यंग्य में उनका कोई सानी नहीं था।

श्रीरंग (1904-1984) : आद्य रंगाचार्य 'श्रीरंग' के नाम से प्रसिद्ध हैं। हिन्दी के रंगकर्मी भी उनकी नाट्य प्रतिभा से परिचित हैं। उन्होंने ही सबसे पहले कन्नड़ नाटक और रंचमंच की स्थिति से हिन्दी जगत् का परिचय कराया। डॉ. नेमीचन्द जैन ने इनके 'सुनो जनमेजय' नाटक का बहुत पहले अनुवाद किया। इनके कई अन्य नाटकों का भी अनुवाद हिन्दी में हुआ है।

कैलासम् के समान ही ये आई. सी. एस. करने इंग्लैण्ड गये थे। पर भाषा विज्ञान में एम. ए. करके स्वदेश लौटे। इन्हें अँग्रेज़ी नाटक देखने का इतना पागलपन था कि रोज़ एक नाटक देखते थे। कुछ वर्ष अध्यापन-कार्य करके उससे इस्तीफ़ा दे दिया। इस प्रकार इन्होंने फ़ाके और बेरोज़गारी का भी मज़ा चखा। ये अँग्रेज़ी और संस्कृत के अद्‌भुत विद्वान् थे। इन्होंने 100 से अधिक किताबें लिखीं। कविता के अलावा साहित्य की सभी विधाओं को सम्पन्न बनाया। लगभग 30 नाटक और

100 से अधिक एकांकी लिखे। परन्तु अब 47 के अतिरिक्त अन्य उपलब्ध नहीं। श्रीरंग के नाटकों की कथावस्तु साधारणतः सामाजिक और पौराणिक होती है। ये एक सफल अभिनेता और निर्देशक थे। इन्होंने रंगमंच के लिए नयी-नयी तकनीकें अपनायीं, साथ ही रंगमंच को सुधारने और सँवारने का भी कार्य किया। ये समाज की कुरीतियों और अन्धविश्वासों के घोर विरोधी और कटु आलोचक थे। 'हरिजनवार' इनका बहुचर्चित नाटक रहा है। इसके शीर्षक से हरिजनों के सुधार के साथ-साथ जनेऊ तोड़ फेंकने का अर्थ भी निकलता है। 'हरि' शब्द के दो अर्थ हैं—तोड़ना या फाड़ना। इनके इस प्रकार के विचारों के कारण इन्हें सनातनियों के विरोध का भी शिकार होना पड़ा। पर इन्होंने निडर होकर उस विरोध का सामना किया।

पर्वतवाणी (1911–) : कन्नड़ के ये ही एकमात्र ऐसे लेखक हैं जिन्होंने केवल नाटक और रंगमंच को ही अपनाया, उसी को सजाया और सँवारा और नाम कमाया। 1987 में लिखे 'पर्वतवाणी के नाटक : एक समीक्षा' शीर्षक लेख में डॉ. सा. शी. मरुलय्या ने लिखा है : "पर्वतवाणी अब सत्तर के हैं। मोटे तौर पर उनके नाटकों को कथावस्तु और तकनीक के आधार पर तीन भागों में विभाजित कर सकते हैं (1) रूपान्तरित, (2) अनूदित और (3) मौलिक। उनके 35 मौलिक नाटक हैं। सात रूपान्तरित नाटक हैं। रूसी भाषा से अँग्रेज़ी में अनूदित 'एनिवर्सली' का 'वार्षिकोत्सव', 'बियर' का 'काडमन्स' 'प्रपोज़ल' का 'आशीर्वाद', 'वेडिंङ्ग' का 'औतण' (आमन्त्रण) नाम से रूपान्तरण किया। साथ ही उनका वातावरण एकदम भारतीय बनाया।

पी. लंकेश (1930–) : पी. लंकेश अँगेज़ी के अध्यापक रह चुके हैं। आजकल केवल पत्रकार हैं। इस क्षेत्र में इन्होंने अच्छी ख्याति पायी है। इन्होंने अब तक 8 नाटक लिखे हैं। इनका प्रत्येक नाटक रंगमंच की दृष्टि से सफल रहा है। इनके नाटक हैं 'टी प्रसन्नन गृहस्थाश्रम', 'नन्न तंगीगोन्दु गण्डु कोडि' (मेरी बहन के लिए एक वर दीजिए), 'गिलियु पंजरद ओलगे इल्ला' (तोता पिंजरे में नहीं), 'क्रान्ति बन्तु क्रान्ति' (क्रान्ति आयी, क्रान्ति), 'तेरेगलु' (परदे), 'विरूकु' (दरार), 'सिद्धते' (तैयारी), 'पुलिसर इद्दारे एच्चरिके' (पुलिस है, सावधान) और 'संक्राति'। 'संक्राति' का साठोत्तर नाटकों में एक महत्त्वपूर्ण स्थान है। 12वीं शताब्दी के बसवण्णा को ही नायक बनाकर उन्होंने जाति-प्रथा के विरोध का जो कार्य किया उसका बड़े साहस से दिग्दर्शन भी कराया। लंकेश नाटक को जीवन प्रतिबिम्ब नहीं मानते, बल्कि आलोचना मानते हैं। शब्दों की मितव्यता इनकी विशिष्टता है। लंकेश समाज की विडम्बना तथा राजनीति के दाँव-पेचों पर सीधा प्रहार करते हैं। पाखण्ड वे सह नहीं सकते। वे समाज-सुधार के लिए नश्तर का प्रयोग करते हैं। किसी बात को लपेटकर

कहना उन्हें आता ही नहीं। आज की युवा पीढ़ी उनके इस गुण से बड़ी प्रभावित है।

चन्द्रशेखर कंबार और गिरीश कार्नाड की चर्चा करने से पूर्व यहाँ कुछ और नाटककारों के नाम उल्लेखनीय हैं। (वैसे भी ऐसे परिचयात्मक लेखों में नाटककारों के नाम और उनके नाटकों का वर्णन कर पाना सम्भव नहीं और केवल नाम भर दे देने से कोई विशेष लाभ भी नहीं। फिर भी कुछ नाटककार हैं जिनका विवरण देना यहाँ आवश्यक है।) **गोविन्द पै** ने बेन्द्रे से भी पहले लिखना शुरू किया। इन्होंने 11 नाटक लिखे जिनमें से 7 नाटक अनुवाद हैं। 'चित्रभानु' व 'हेब्बेरलु' (अँगूठा) इनके मौलिक नाटक हैं। **'केयरूर'** ने उत्तर कर्नाटक के मराठी नाटकों से प्रभावित होकर कुछ नाटकों की रचना की। **'सन्स'** ने छह नाटक लिखे। **'सी. के. वेंकटरामय्या'** का 'मन्दोदरी' और 'नचिकेता' नाटक भी उल्लेखनीय हैं।

कंबार के साथ एक प्रसिद्ध नाटककार **'चन्नय्या'** का नाम भी लिया जाता है। **श्री जी. बी. जोशी** एक प्रसिद्ध नाटककार हैं जो क़रीब-क़रीब 50 वर्ष से लिख रहे हैं और दूसरों के लिए प्रेरणा-स्रोत बने हुए हैं। यहाँ यह भी एक जानने योग्य बात है कि भारत की अन्य भाषाओं के समान ही कन्नड़ में भी संस्कृत और विदेशी भाषाओं के प्रसिद्ध नाटकों का अनुवाद भी ज़ोर-शोर से हुआ। अँग्रेज़ी का कोई भी प्रसिद्ध नाटक छूटा नहीं। हिन्दी से स्वयं श्रीरंग ने ही प्रसाद के 'चन्द्रगुप्त' नाटक का अनुवाद किया। **भालचन्द्र शेट्टी** ने मोहन राकेश का 'आषाढ़ का एक दिन' और 'आधे अधूरे' नाटकों का हिन्दी से कन्नड़ में सफल अनुवाद किया है। मैसूर विश्वविद्यालय में हिन्दी के प्रोफ़ेसर एम. एस. श्रीकृष्णमूर्ति नाटकों के अनुवाद के बारे में उल्लेखनीय कार्य कर रहे हैं।

चन्द्रशेखर कंबार (1937–) कवि, समीक्षक, निर्देशक, अभिनेता, नाटककार, कथाकार तथा लोक साहित्य विशेषज्ञ के रूप में कन्नड़ साहित्यकारों के बीच जाने जाते हैं। अब तक इनके 18 नाटक, 5 काव्य-संग्रह, 3 उपन्यास तथा लोकगीतों पर 10 शोध पुस्तकें, प्रकाशित हो चुके हैं। कंबार को राज्य संगीत अकादमी तथा केन्द्र संगीत अकादमी पुरस्कार भी प्राप्त हो चुके हैं।

इनके नाटकों में काव्यमयता होती है। साथ ही लोकगीत और लोककथाओं का 'टच' रहता है। प्रसिद्ध निर्देशक बी. वी. कारन्त ने इनके नाटकों के बारे में लिखा है—"समस्त देश में कंबार के समान माटी की गन्ध को लेकर नवीनता और आधुनिकता के साथ सृजनशील नाटककार दुर्लभ है। मेरी दृष्टि में आज के नाटककारों के बीच कंबार अद्वितीय हैं। मैं तो उनके स्थान पर किसी और को सोच ही नहीं सकता।"

कंबार एक सजग और प्रतिबद्ध प्रगतिशील साहित्यकार हैं। समाज में होने वाले

शोषण तथा स्त्री पर होने वाले अत्याचार का इन्होंने व्यंग्यात्मक ढंग से चित्रण किया है। राजनीति की गन्दगी पर ये तीखे व्यंग्य लिखते हैं।

अब तक हिन्दी में इनके जो नाटक प्रकाशित हो चुके हैं या प्रकाशनाधीन हैं—'तोता बोला', 'जय सिद्धनायक', 'बलि का बकरा', 'साँब शिवा', 'संगीता', 'जंगली घोड़ा' और 'सिरिंसपिले'। इनके नाटकों का हिन्दी में मंचन काफ़ी जनप्रिय रहा है।

गिरीश कार्नाड (1938–)

कार्नाड हिन्दी और कन्नड़ नाटक साहित्य के बहुचर्चित, मेधावी एवं अन्तर्राष्ट्रीय ख्यातिप्राप्त व्यक्ति हैं। सिनेमा क्षेत्र में इन्होंने काफ़ी नाम कमाया है। एक सफल अभिनेता के साथ ही साथ कार्नाड एक अच्छे निर्देशक और नाटककार भी हैं।

कार्नाड को शिक्षा के क्षेत्र में भी अपूर्व सफलता मिली। इन्होंने ऑक्सफर्ड से राजनीति, दर्शन और अर्थशास्त्र में एम. ए. किया है। कुछ समय तक इन्होंने ऑक्सफर्ड प्रेस (मद्रास शाखा) में प्रबन्धक के पद पर कार्यरत रहे। ये कई विदेशी विश्वविद्यालयों के विज़िटिंग प्रोफ़ेसर भी रह चुके हैं। ये कर्नाटक संगीत नाटक कला अकादमी के अध्यक्ष रह चुके हैं। आजकल ये केन्द्रीय संगीत नाटक अकादमी के अध्यक्ष हैं। ये देश की विभिन्न नाटक और कला अकादमियों से जुड़े हैं। इन्होंने कन्नड़ में 'संस्कार', 'वंशवृक्ष', 'काडु', 'गोधूली', 'ओन्दानोन्दु कालदल्लि' (किसी ज़माने में) आदि फ़िल्मों की न केवल पटकथा लिखी, अपितु बी. वी. कारन्त के साथ मिलकर निर्देशन (वंशवृक्ष, गोधूली) भी किया, साथ ही हिन्दी फ़िल्म 'उत्सव' का निर्देशन भी किया। इन सभी फ़िल्मों को पुरस्कार मिले। अन्तर्राष्ट्रीय फ़िल्मोत्सवों में भी अच्छा नाम मिला और ख़ूब सराही गयी।

डॉ. कार्नाड को नाटककार के रूप में स्वर्गीय मोहन राकेश और फ़िल्म निर्देशक के रूप में सत्यजित रे से तुलना की जा सकती है।

कंबार और कार्नाड जब कन्नड़ नाटक साहित्य में उभरने लगे तब तक कन्नड़ नाटक साहित्य काफ़ी समृद्ध हो चुका था। परन्तु इन लोगों ने पिष्टपेषण नहीं किया अपितु अपनी प्रतिभा से कन्नड़ नाटक साहित्य तथा रंगमंच को और समृद्ध किया।

कार्नाड के प्रसिद्ध नाटक इस प्रकार हैं—'ययाति' (1961), 'मा निषाद (रेडियो नाटक—1964), 'तुगलक' (1964), 'हयवदन' (1971), 'अंजुमल्लिगे' (सहमी मल्लिका) (1977), 'हिट्टिन हुंजा' (आटे का मुर्ग़ा—1980), 'नागमण्डल' (1988), तलेदण्ड (शीशदान—1990)।

'ययाति' पुरु ययाति, कच और देवयानी की कथा सदा ही हमारे नाटककारों के लिए एक स्फूर्ति का विषय रही है। गिरीश ने पुरु ययाति आख्यान की दो पीढ़ियों

के विभिन्न मनोधर्मों को भली प्रकार चित्रित किया है। उन्होंने यह भी दर्शाया है कि जन्म का प्रभाव आगामी जीवन पर कितना हावी रहता है। व्यक्ति का विकास सही प्रकार न होने से जीवन दुःखी और व्यर्थ हो जाता है, साथ ही साथ उससे सम्बन्धित अन्य लोग भी उस दुःख से बच न पाकर उसके शिकार हो जाते हैं। चित्रलेखा ययाति और पुरु के बीच के संघर्ष का शिकार बन जाती है। प्रथम कृति होने पर यह अत्यन्त प्रभावशाली भाषा तथा ऊँचे बौद्धिक स्तर पर लिखा गया नाटक है।

'तुगलक' कई कारणों से कन्नड़ नाटक साहित्य में एक अपूर्व रचना मानी गयी है। हिन्दी रंगमंच पर भी इसका सैकड़ों बार मंचन हो चुका है। इतिहास को लेकर कितने सुन्दर नाटक की रचना की जा सकती है, यह इस बात का उदाहरण है। कन्नड़ के एक सुप्रसिद्ध आलोचक श्री कीर्तिनाथ कुर्तुकोटी ने लिखा है : नाटक की कथावस्तु मानवजीवन की भाँति जितनी प्राचीन है उतनी ही नवीन है। मनुष्य देवत्व का स्वप्न देखते-देखते कैसे पशु बनकर ही रह जाता है। नाटककार ने इसी समस्या को बड़े तार्किक ढंग से प्रस्तुत करने का प्रयास किया है। पात्र, सन्निवेश आदि को सफल ढंग से निरूपित किया है। नाटक की उद्देश्य साधना के हेतु कार्नाड ने ऐतिहासिक सामग्री से नवीन लोक की सर्जना की है। एक विशिष्ट तन्मयता से नाटक के पात्र समस्या का अनुभव करते हैं, अपने हाव-भाव और चाल-चलन के द्वारा प्रभावशाली ढंग से व्यक्त भी करते हैं...।

'हयवदन' इनकी एक और उत्कृष्ट कृति है। इसमें भी मानव के द्वन्द्वात्मक व्यक्तित्व का विश्लेषण किया गया है। इसकी मूल कथावस्तु कई आख्यानों से ली गयी है पर सारी कथा पर कार्नाड की अपनी कल्पना ही अधिक काम करती दिखाई पड़ती है। कर्नाटक के बयलाटा या यक्षगान की शैली इसमें उभरकर दीखती है। कार्नाड समस्याएँ तो उठाते हैं, पर उनका हल मुखौटों के द्वारा करते हैं। यह हिन्दी-जगत् के प्रसिद्ध नाटकों में से एक है।

'अंजुमल्लिगे' (सहमी मल्लिका) इनका एक और विवादास्पद नाटक है। इसकी कथावस्तु कुछ आलोचकों ने पसन्द नहीं की है। इनके दिखाये भाई-बहन के सम्बन्ध को भारतीय समाज के मानदण्ड आसानी से ग्रहण नहीं कर सकते। परन्तु बात यह है कि कार्नाड ने इसकी दूसरी आवृत्ति में भी मूल में कोई विशेष परिवर्तन नहीं करना चाहा। कई बार पढ़ने और उनसे चर्चा करने पर मुझे यह बात स्पष्ट हुई कि वास्तव में वे यहाँ भाई-बहन के सम्बन्धों को वास्तविकता में चित्रित नहीं करते। बहन भाई के प्यार पर एकाधिकार चाहती है। इस कारण अपनी भाभी को भाई से दूर करने के लिए एक मनगढ़न्त कहानी सुनाती है। वह वास्तव में कुँवारी थी, अछूती थी, क्योंकि कर्कवुड यह स्पष्ट कहता है कि वह इससे पहले किसी पुरुष के सम्पर्क में

नहीं आयी। वास्तव में भाई-बहन का सम्बन्ध इस नाटक की कथावस्तु नहीं है। विदेशों में भारतीय विद्यार्थियों की स्थिति या यूँ कहें कि गोरे कालों से कितनी घृणा करते हैं और काले गोरी चमड़ी और उनकी सभ्यता को कितना ऊँचा मानते हैं, इस नाटक में यह दिखाने का प्रयास किया गया है।

'नागमण्डल' इनका एक लोककथा के आधार पर रचा गया नाटक है। इसमें भी दो-तीन लोककथाएँ जुड़ी हुई हैं। भारतीय आख्यानों में नाग का इच्छित रूप धारण कर लेना एक जनप्रिय और सशक्त कथावस्तु रही है। बड़े-से-बड़े लेखक भी इन मिथकों से प्रभावित होते रहे हैं। विज्ञान चाहे जितनी भी उन्नति कर ले पर साहित्यकार कल्पनाजीवी ही रहेगा। उसकी दुनिया अलग ही रहेगी। वह जो कुछ कहना चाहता है उसे कल्पना और मिथक के द्वारा सशक्त और प्रभावशाली ढंग से कह देता है। यह बात इस नाटक से सिद्ध होती है। अभिनय तथा संवादों की दृष्टि से कार्नाड का यह नाटक भी उतना ही सफल है जितने कि दूसरे अन्य नाटक। इसके अतिरिक्त इस नाटक में नाटककार ने नारी के शोषण का दिग्दर्शन भी कराया है। पति के रूप में ही कोई दूसरा आदमी पत्नी के पास आए तो वह क्या कर सकती है ? वह बेचारी अपने गर्भ का रहस्य नहीं जानती। वह मानसिक रूप से निर्दोष है। एक पुरुष भी दैवी घटनाओं के कारण निस्सहाय हो उठता है। यह जानते हुए भी कि वह कभी अपनी पत्नी के पास गया नहीं, पत्नी के जाये बच्चे को अपनाने को विवश है। यह भी एक विडम्बना है। नाग बच्चे को नहीं काटता, वह उसे जीवनदान देता है। अतः यों उस बच्चे के हाथ से नाग का संस्कार कराती है। यह सारी बातें गिरीश कार्नाड ने बड़े नाटकीय और तर्कसंगत ढंग से प्रस्तुत की हैं।

'तलेदण्ड' (शीशदान) कार्नाड का आधुनिकतम नाटक है। इसमें बारहवीं शताब्दी में हुए कर्नाटक के महान् क्रान्तिकारी और समाज सुधारक बसवण्णा की जीवनकथा के आधार पर वर्तमान की समस्याओं को उठाया है। जाति-भेद हमारे समाज की दुरन्त समस्या रही है। बसवण्णा ने उसे जड़ से निर्मूल करने का प्रयास किया, पर समाज को खा जाने वाली इस समस्या ने इतनी गहरी जड़ें जमा रखी हैं कि वह आज भी जैसी की तैसी बनी हुई है। कार्नाड कथावस्तु, पात्र-चित्रण तथा समाज को मंचन की दृष्टि से प्रस्तुत करने में अत्यन्त सफल रहे हैं। कंबार के शब्दों में और कोई नाटककार अपना नाटक इतनी बार बाँचकर और तराश कर प्रस्तुत नहीं करता जितना कि गिरीश कार्नाड।

कार्नाड अपने नाटकों का पहले अँग्रेज़ी में खुद अनुवाद करके दूसरी भाषाओं का मार्ग प्रशस्त कर देते हैं। इनके अन्तिम नाटक 'तलेदण्ड' के अतिरिक्त अन्य सब नाटकों का न केवल देशी और विदेशी भाषाओं में अनुवाद ही हुआ है बल्कि सफल मंचन भी हुआ है।

भारतीय ज्ञानपीठ इसे बहुत पहले ही प्रकाशित करना चाहता था परन्तु कई कारणों से ऐसा नहीं हो पाया। इस लेख की कुछ कमियों को मैं समझता हूँ पर इसका एकमात्र कारण मेरे स्वास्थ्य का बिगड़ना ही है। भारतीय ज्ञानपीठ ने मेरे इस विलम्ब और कमी को अन्यथा न लेकर इसे हिन्दी-जगत् के हाथों तक पहुँचाने का श्लाघनीय कार्य किया है।

–बी. आर. नारायण

[नागमण्डल, पहला संस्करण 1991 से]